羽黒山　五重塔（1997年）

浄瑠璃寺（1975年）

那智大瀧（1978年）

原田脩記念
ギャラリー稲童
建立記

植田幸子
UEDA Sachiko

文芸社

まえがき

「原田《はらだ》 脩《おさむ》 記念　ギャラリー稲童《いなどう》」は、二〇一〇年八月に福岡県行橋《ゆくはし》市大字稲童に設立された小さな私設美術館です。原田脩は小倉高校美術部時代から画家を志し、どの画壇にも属さず、公募展に応募することもなく、自ら信じた画の道をひたすらに歩き続け、二〇〇六年に六十歳で逝きました。この画家原田脩を顕彰するために、彼を慕う美術部の後輩達が中心になって計画し、多くの仲間達の手によって作り上げられた美術館です。

開館後は、画を鑑賞してもらうだけではなく、地域の文化向上のための活動も視野に入れて様々なイベントを行い、人びとの寄り集う場となっています。けれど、普段のギャラリーは賑々しさを離れ、館内では原田脩の深い色に包まれて心を鎮め、テラスに出ては、ベンチに腰掛けて周囲の里山と水辺の風景を眺め、鳥の囀りを聴きながら、ゆっくりと流れる時間を楽しんでいただく場所なのです。

ここを訪れた方々から、このような美術館をなぜ、そしてどのようにして作ったのかと、よく訊かれます。ずっと真ん中に居たわたし達スタッフも、最初に計画を練り始めた時から、このような形、規模、内容になると思っていたわけではありません。「脩さんの画を多くの人に見てもらいたい」との思いで一致し、一心不乱に作業を進めた結果が、今日のギャラリーの姿になりました。

その建設作業の合間や、その後の折々に、様々な人の動きやことばなど、心に残った事柄を記憶の薄れないうちにと書き留めておりました。それらを一応の形にまとめたものを読んだ方から、この記録をもっと皆さんに読んでもらったら、と後押ししていただき、出版ということになった次第です。

もとより、本にするとの目的で書き溜めたものでもなく、その技量もおぼつかないのですが、設立に関わってくださった方々の思いを少しでも残し、繋いでいきたいという気持ちがまさって、出版の決心を致しました。出版に当たって、文芸社の皆様、高野剛実様、高島三千子様にご助力いただきまして、お礼を申し上げます。

本書には多くの方が登場します。それだけ多くの方がこの美術館設立に関わってくださったということなのですが、そのボランティアとしての働きはもとより、本書への登場やお名前や写真の掲載を快諾していただきましたこと、厚くお礼を申し上げます。

計画の当初から十七年余りの時を過ごし、登場していただいた方の中には、すでに故人となった方もおられます。そのお顔を一人一人思い浮かべていくと、こんなにもたくさんの方が逝ってしまわれたと、愕然とした思いにとらわれます。こうして時は移っていくのだと思い知ります。深い哀悼の念と共に、皆様のお気持ちを必ず後に繋ぎたいと改めて思っています。

本書を、「原田脩記念 ギャラリー稲童」の設立に尽力してくださった方、また今日まで支え続けてくださっている全ての方に、感謝を込めて捧げます。

二〇二四年七月　「奇跡のコンサート」を目前にひかえて

植田幸子

目次

原田脩記念　ギャラリー稲童　建立記

第一章　常設ギャラリー建設のきっかけ

檜の山　二〇〇七年十二月

「うん、ギャラリーなら、いい。ギャラリーなら、とてもいい！」

足元から冷気の上がってくる台所に立って、夫の義浩に言った。その頃住んでいた福岡市郊外の大きな借家は床に人造大理石が張ってあったため、冬場はうんと冷え込んだものだ。前日に二匹の犬達も連れて筑豊《ちくほう》の山まで出かけ、友人達と共に伐っておいた、たくさんの檜材を山から出して帰ってきた翌朝のことだ。

この檜が発端である。義浩の先輩が筑豊の赤村に山を持っていて、好きなだけ伐って持っていってよいと言ってくれたのだ。このご時世では出荷しても採算が取れないとのこと。喜んだ義浩は早速100キロウォークの仲間を語らい、長年の友人である源ちゃんこと工務店の棟梁（社長）、宮崎源喜さんに頼んで専門の山師さんに来てもらった。

100キロウォークというのは、毎年秋に開催される「行橋～別府100キロウォーク」、二十年以上前に友人の川本如寛さんと小川周一郎さんが始めた。経営する自社の従業員を総動員して、ボランティアも大勢でサポートし、百キロメートルの距離を夜通しで歩く一大行事だ。最近では全国から四千人もの応募があるそうだ。この過酷な行事に勇んで参加する人達だから、体力も忍耐力も人一倍。義浩も源ちゃんも、その常連である。

赤村の山では、山師さんの指導のもとに素人集団がチェーンソーを操って、バッサバッサと檜の大木を切り倒していった。

「大きな木がズドォーンと倒れるのは、快感だった」と口々に言う。

その後、一年ほど枝葉を付けたまま山中に置き、乾燥した頃を見計らって枝を落とし、山出しをして製材所へと運んだ。この一連の作業には１００キロウォークのメンバーを中心とした友人達のほかにも、義弟の植田義隆とその友人石塚政章さんの大きな助力があった。

「予想を超える重労働だなあ」とぼやきながらも、石塚さんはクレーンの付いた自社の運送用の大きなトラックを用意して、大きな体をフルに働かせてくれた。

「救急箱ありませんか！」と、作業服の一人が飛び込んできた。１００キロウォークメンバーの広瀬克美さんだ。右手から血が流れている。その時は、ちょうどほかの女性達は山で拾ったギンナンの実を川に洗いに行っており、待機していたのはわたし一人。紫色に腫れ上がった指にドキドキしながら消毒薬と包帯で応急処置をして、急いで病院へ行ってもらった。見るからに痛そうだった。

ほどなくして「大丈夫、大丈夫」と、右手を大きな包帯でくるんで広瀬さんは戻ってきたが、後になって、人指し指を骨折していたと聞いた。

この現場に居合わせたことが、後にギャラリーを作るきっかけとなったと言っても過言ではない。それまでは、義浩がこの檜で作ろうと思っていたのは、小さな茶室であったらしい。しかし、これだけたくさんの人の手を煩わせ、怪我までした人が出ているのに、自分達だけの茶室なんて作ったら、申し訳ない。その思

檜の伐採（100キロウォークのメンバー達、しゅん太も参加）

いがギャラリーへと向かう最初の一歩となった。

もっと皆の役に立つもの、敢えて言えば、社会に還元できるもの。

「うん、ギャラリーならいい。ギャラリーなら、とてもいい！」

ギャラリーなら言うことなし！　即決だった。

こうして、これらの檜は、義浩が以前から夢に思い描いていたギャラリー建設のための「促進材」となった。もっとも、この時は二人ともその檜を使って、伐り出し仲間達と一緒にトンカチ手作りの、小さな丸太小屋ほどの建物を想像していたのだったが……。


話は前後するが、これより前、義浩とわたしの出身校、福岡県立小倉高校美術部の一年先輩で画描き、原田脩さんの遺作展を開こうという話がもちあがっていた。その前年、二〇〇六年に亡くなった脩さんは二百余点の油絵をはじめ水彩画、デッサンなど三千点を超えるたくさんの絵を残していた。それらを遺作展の形で皆さんに見ていただこうとの思いで、義浩が企画し、北九州リバーウォークに会場を借りた。高校美術部ＯＢ、ＯＧをはじめ、脩さんと高校同期の方々、１００キロウォークの仲間など、多くの友人達がボランティアとして集まり、二〇〇七年春に、この遺作展の開催にこぎつけた。会場の整備、展示用のイーゼル作り、絵の搬入と設置、来客受付等々、慣れないながら、皆の協力で十日間ほどの期間に二千人もの来場者があった。

その打ち上げの折に、義浩は初めて、脩さんの画を見てもらうための常設のギャラリーを作りたいとの思いを夫人の原田美恵子さんに伝え、また、集まった皆さんにも宣言した。その時のことを、美恵子さんは忘れようにも忘れられない重大なことと記憶していた。数十年前の若い時に脩さんが、

「俺に何かあったら、植田がほっとかんから」

と、一度だけ言った印象深い一言をいつも胸に刻んでいたので、「ああ、このことだ」と思った由。植田なら本気でするだろう、よほど気を引き締めてかからなければ、とも。

原田脩さんのこと

なぜギャラリーを作ろうと考えたか、多くの人に問われる。原田脩さんは義浩の一学年上の美術部部長だった。ちなみに義浩とわたしは高校で同学年、大学も同窓で、二人とも大学で美術史を多少学んだ。脩さんとは、義浩を通じてわたしもずっと親しくさせてもらっていた。

彼は卒業後、様々な仕事に就きながら独学で画を描き続け、関西に長く住んだ。その後小倉に戻ってからも、ずっと画を描き続けていた。画の題材は寺、塔、瀧。リュックを背

負い、腰に手ぬぐいをぶら下げ、スケッチブックを手にして下駄ばきで全国どこへでも出かけた。生活は奥さんの美恵子さんが支えた。既成の権威を嫌い、公募展には一切出品せず、京都の小さな画廊で毎年個展を開いて、描き溜めた作品を発表していた。世間の評判や、まして名誉など、眼中に毫《ごう》もない人だった。

大学卒業後、今から四十数年前、その頃わたし達は千葉県柏市に住み、仕事で東京へ通う、所謂千葉都民だった。夏休みになると脩さんは、「東京に行くから」の電話と共にふらっと現れては、あちらこちらとスケッチ旅行に出かけた。同行するのは義浩と、さらに三学年下の新納光明さん。新

個展会場で、原田夫妻と友人の子どもさん（1988年）

納さんは東京西部の郊外の五日市に住んで小学校の先生をしていた。小学生をたくさん車に乗せられるようにと大きなバンを持っていて、それを駆って東京を横切り、柏の我が家までやって来る。一晩飲んで、翌朝から三人で信州や東北方面へ旅立つというのが大体のパターンだった。

脩さんの上京は、いつもは一人だったが、たまに美恵子さんが一緒の時もあった。まだ幼稚園児だった娘の彩子も連れて鎌倉を訪れ、円覚寺や建長寺など巡った。脩さんは、鎌倉の禅寺の造りや雰囲気と、いつも見慣れている京都の寺社との違いを身体で確かめているようだった。その後、皆して由比ガ浜に遊んだのは楽しい思い出だ。浜辺では、風に乗って細かい砂粒が所かまわず飛んでくる。子どものはしゃぐ声と共に、その日の波の光景は忘れ難いものとなった。帰宅した夜、気持ちよく酔っ払って着替えもままならない脩さん、あれこれと世話を焼く美恵子さんのことを、

「この人がおらんと、わし、なんもできんのや」

と、照れたように言っていた。

夏休みのある時は、五日市の新納さん宅に一家全員で泊まり込んだこともある。その時はわたし達に下の息子も生まれていて、二歳くらいだったたか。義浩とわたしの学生時代の友人らも一緒だった。小学校付属の教員住宅とあって、夜更けに皆で児童用プールでバシ

ヤバシャ泳いだりもした。

やはり夏休みのこと、脩さん、新納さん、義浩の三人は群馬県と新潟県の県境三国峠の上にある苗場から新潟市を経て出羽三山へとまわる旅をした。苗場には宿泊基地があったので、子ども達とわたしも同行した。苗場で一泊の後、苗場山から新潟までは一緒に山を下っていった。その先、北へ向かう画描き旅の三人を見送って、わたし達母子三人は佐渡島へフェリーで渡り、初めて日本海で泳いだのだった。

また、ある時はお気に入りの福島県いわき市にある白水阿弥陀堂へ同行した。現在はきれいに整備されているが、当時は周囲に叢が茂っている鄙びたお堂。月明かりを頼りに草を踏みながら、お堂の周りを巡った。歌を歌っていたかもしれない。

もちろん、子ども達とわたしの同行はごく稀なことで、大抵は男三人、気の向くままの画描き呑兵衛の旅であった。そのようにして描き溜めたたくさんの画、中でも東北の羽黒山五重塔と福島県の白水阿弥陀堂、また和歌山県の那智の滝は、脩さんの中で大きなモチーフであったに違いない。柏市の前にわたし達が住んでいた東京都東村山市にも鎌倉時代の禅宗様建築、正福寺地蔵堂が遺されていて、そこも脩さんのお気に入りの場所だった。

その後、原田夫妻は関西から故郷の小倉に帰って、美恵子さんはずっと勤めている井筒屋デパートの本店に戻り、脩さんは画を描く、という生活になったが、電話と共にふらっと現れては、男三人の画描き旅は続いていた。

　そうした旅の途次、千葉県下総神崎の酒蔵に働く友人を訪ね、脩さんと新納さんは二、三日宿泊して楽しく酌み交わした。翌日、新納さんの車で白水阿弥陀堂に行き、仕事を終えた義浩と落ち合う手はずだった。その途中、気分がすぐれないと、高速道路を降りて入ったビジネスホテルで脩さんは吐血してしまった。救急車で運ばれたいわき市の病院では急性胃潰瘍で入院が必要と診断されたが、脩さんは、どうしても友人の医師山川満先生に診てもらいたいと言い張って、新納さんの運転する車で埼玉県松伏町の病院に向かった。新納さんは途方に暮れながら、死なないでくれと祈るような気持ちで深夜の高速道路を南下し、連絡を受けてタクシーで急行した義浩と落ち合って、何とか病院に辿り着いた。その間に起こった数々のことは彼の著作『瀧月』に詳しい。

　脩さんはそのまま松伏町の病院に入院して、山川先生の手厚い治療を受け、胃潰瘍は落ち着き、一旦小倉へ帰っていった。が、先生が念のためと行った細胞検査で胃がんが見つかり、全摘手術のために今度は、やはり山川先生の勤務する調布市の病院に入院することとなった。手術はうまくいって、数ヶ月の入院の間には、先生と一緒に近くの府中競馬場へ馬券を買いに行くまでに回復したという。調布の病院に義浩と共に見舞った時は、病院内の看護師さん達や売店のおじさん達との交流を笑顔で話してくれた。いつも飾らぬ自然体の脩さんは、周囲の誰からも好かれているようだった。

その後、抗がん剤治療を受けに上京してしばらく入院、小倉へ戻って療養する、という生活が一年ほど続いたが、上京して入院していた三月十一日に病状が重篤になった。美恵子さんが呼ばれて病院に泊まり込んで看病した。後《のち》に、

「妻をさせてもらいました」

と、この時のことを語っていた。

二〇〇六年三月二十四日、山川先生や看護師さん達、美恵子さん、駆け付けた新納さん達に看取られて永眠する。享年六十であった。画家としての転機を迎え、これからさらに大きく羽ばたこうとする時期、無念であっただろう。

ギャラリー土地探し　二〇〇八年春

ギャラリーの建設計画は一気に現実味を帯びてきた。美恵子さんから義浩宛に、保有している原田脩の作品をギャラリーに寄託してくれるという手紙をもらっていた。先年遺作展の折に宣言したままのギャラリー建設を具体的な形に移さなければならない。

美恵子さんは、義浩からギャラリー建設の意を伝えられた後、脩さんの遺した全ての画

の整理に取りかかっていた。一枚一枚に番号を入れて、それは一生分の仕事であったと聞いた。そして、義浩にこの画を全て託そうと決めたのだった。三千点を超える作品を画題別、製作年月日順に分類してデータ化してくれた。これが無ければ、原田脩記念美術館は成立しなかったことだろう。

義浩と源ちゃんこと宮崎源喜さんとわたしの三人、それにいつもお供のラブラドール・レトリバー犬しゅん太と柴犬ももの二匹とで、その頃住んでいた福岡市から行橋市大字稲童地区へと土地探しに行った。ここは原田脩さんの眠る墓地にほど近く、義浩も生まれてから小学校五年生までの子ども時代を過ごした父祖の地なので、土地勘は十分にある。わたしも結婚して以来、今はもう亡き植田の両親と一緒に何度もお墓参りに来ていた。しかし、ギャラリーを建てる土地となると、話は別である。一口に稲童といってもずいぶん広いものだ。あちこち車を走らせながら覗山《のぞきやま》という名の里山の麓を巡っていた時、

「ここだ！」

と、池のほとりに格好の土地を見つけた。三人とも車から飛び降りて、犬も一緒に飛び降りて道路から一・五メートル位高いその土地へと這い上がる。わたしも草がぼうぼうと茂っている所へ足を振り上げたが、そこは伸びた草の端っこだったらしく、まさにエアス

テップ。わたしの足は宙を踏み、もんどり打って下に転げてしまった。向こうの方にいたしゅん太が一目散に駆け戻ってきて、倒れたわたしの顔を心配そうに覗き込んでくる。

「ありがとうね、しゅん」

わたしはこの一事《ひとこと》だけでも、しゅん太の思い出をぎゅっと抱きしめたい気持ちにかられる。源ちゃんたら、後ろでゲラゲラ笑ってたもんね。

やっとのことで這い上がったその土地は、覗山とそれに続くなだらかな林を背景に、左手に池、右手にみかん畑、南側の道路を隔てた草やぶのずっと向こうには小学校や稲童の家並み、さらにその向こうには豊前の海、周防灘があるはずだ。まるでわたし達が来るのを待ってくれていたかのよう。瀬戸内海の最西端に位置するこの地では、船の動きを監視するため二百メートル余りの小高い山頂に城が築かれ、その山は覗山と呼ばれていた。

折よく通りかかった地元の人に、持ち主は誰かと聞いてみると、何とそれは義浩が昔住んでいた家の隣家の人であると言う。

「あそこも旦那さんが亡くなって、奥さん一人で田んぼも作れんけ、こんな荒れたままじゃ。すぐに譲ってくれるじゃろう」

草っ原に見えたけれど、元は田んぼだった土地なのだ。一反の田んぼの三分の一ほどが一段低くなって、道路と池に接している。そちら側の九十坪ほどを購入しようと決めた。

原初の土地

しかし、事はそう簡単には運ばなかった。持ち主の夫人が売りたくないと言う。先祖伝来の田畑を自分の代で売るのは、ご先祖にもご近所にも顔向けができないということだ。

せっかく、こんなに最適な場所を見つけたけれど、だめなのかと肩を落としていた時に意外な助け人が現れてくれた。偶然にも義弟の義隆さんの会社で働いていたこの稲童に住む女性が、父親で工務店を営んでいる社長に話をしてくれた。生前この社長とも面識があり、原田さんの画が好きで応援していた亡き義父植田義幸のこと、原田脩美術館の建設のためにあの土地が必要なことなど細かに話してくれたのだ。この社長を通じて村の有力者に事情を説明し、彼を通じて営利目的の施設でないことを持ち主によく理解してもらった末に、ようやく土地を譲ってもらえることとなった。この間に地元の方が三人入って話を進めてくれた結果だった。

第二章　設計図が完成するまで

地鎮祭　二〇〇八年八月二十六日

八月、真夏の暑い日だった。その前年の六月に転勤で、福岡から再び東京へ戻っていたわたし達には久しぶりの稲童来訪である。前日まで伸び放題だった草を源ちゃんの指揮下、工務店の方達がきれいに刈ってくれ、天幕、幔幕を紅白に張り巡らし、本格的な祭壇が出来上がっている。脩さんの同級生で、今は四国徳島の大麻比古神社の神職永井干城さんが神事を行ってくださるという。脩さんやわたし達の友人三十人ほどが京都からも宮崎からも駆けつけてくれた。高校美術部大先輩の野口坦さん、何年ぶりにお会いしたのだろう。原田さんと同級の仲野富雄さん、近藤明充さん、小倉で履物店を営む岡本勝さん、京都から三井喜代治、万千子夫妻……遺作展以来の方々とも久しぶりに顔を合わせる。

神職の永井さんは流れる汗もいとわず、衣冠束帯の正装で厳粛に式が始まった。腰を九十度に折って地に向かい、

「うおおおおおー」

と低い大きな声。それに続いて地の神への献餐、祝詞。玉串奉納、鍬入れ、土盛り。四方に酒を撒き、塩を盛り……初めて経験する正式な式次第、粛々と進み、滞りなく済ませる。そして、またしても腰を折って太い低い声で、

「うおおおおおー」

そうか、初めの声でこの地の神を呼び出し、後の声でお帰りを願ったのだ。一同厳粛な気分を一気に解かれて、うなずき合った。こんな正式な地鎮祭は初めて、と感動を口にする。


お役目を終えた神主さんが同窓生の顔に戻って、声をかける。

「僕と一緒に記念写真撮りたい人～」

地鎮祭の記念撮影（前列左から仲野富雄さん、原田美恵子さん、筆者、義浩、神職の永井干城さん、近藤肇子さん、ほか友人達）

「はあ〜い！」

女性陣全員で神主さんの周りを囲んで写真に収まった。男性陣からは、

「なあに、あの衣装が珍しいだけだよ」

とやっかみの声。それにしても、この暑さの中、きちんと着込んだ素敵な文様入りの古代の装束が本当によくお似合いだった。

この夏の日の全員の集合写真は、今、ギャラリーに入ってすぐ左の棚に飾られている。皆汗ばみながらも、夏の陽の濃い影と共に晴れやかな表情だ。

風呂攻防

地鎮祭の後の直会《なおらい》は、いつものように小倉駅前地下食堂街の「庄助」で行われた。脩さんの行きつけだったカウンターと小上がり、二十人ほどで満席になる居酒屋「庄助」さん。おでんと焼き鳥と小倉名物焼きうどんが美味な、居心地のいい、お世辞にもきれいとは言えないこの店で、脩さんはいつも「庄助セット」（生ビール、刺身、小鉢、おでん二種、焼き鳥二串がついて千円！）を注文し、アルコールをもう少々追加しながら、ゆっくりと時間を楽しんでいたのだ。

三十人ほどがぎゅうぎゅうに詰めて入り、口々に生だのロックだのお湯割りだの。続け

てスジ、厚揚げ、何といっても大根だの。庄助さんはてんてこ舞いである。

二杯、三杯とグラスを重ね、お腹も落ち着いて、大声が飛び交い、笑い声があちこちで上がり、皆がいつもの居心地よさを満喫していた頃合を図ったように、義浩がぶち上げた。

「脩さんのギャラリー、風呂が要るよねえー。風呂上がりにみんなでビール飲もうぜえー」

半分以上酔っ払っている人々は、

「おおー！」

と歓声を上げて大拍手。わたしはあわてて、

「だめ、ギャラリーに湿気と火の気はだめぇー！」

と叫んだが、それこそ後の祭り。歓声にかき消されて、残ったのはわたしの渋い顔だけ。こうして、皆のお墨付きをまんまと手に入れた義浩とわたしの「風呂攻防戦」が始まってしまった。


二〇〇六年七月の転勤で東京都目黒区の大岡山に二年間住んだ。福岡から東京へ呼び戻されるにあたり、元住んでいた柏市より、もっと通勤の便のよい所を探したのだ。柏からだと会社に着くまでに一時間四十分、通勤時間帯だから、もちろん満員電車の中でずっと

立ちっ放し。早朝会議がある時などは、まだ暗いうちに家を出なければならない。義浩の健康維持のために通勤時間の短縮は最低必須条件だった。

　ずっと都内に居を構えている二人の子ども達が短い期間に手ごろな借家を探し回って、犬二匹も飼える庭付きの一戸建てを見つけてくれた。子ども達のアパートからそれぞれ車で十分足らず、ちょうど三角形をなすような場所だ。これで早朝会議にも、電車を一回乗り換えて四十五分くらいで間に合う、交通至便な所だ。東急電鉄大井町線沿線、都内の過密な住宅街の一角で、考えてみればこんな風に周囲に家ばかりという場所に住んだのは、わたしには初めての経験だった。が、その借家は都内には珍しく、かなり広い庭もあって犬達も十分走り回れたし、隣に桜の大木一本が立っている三十坪ほどの空き地、裏隣はとても広い庭を持った地主さん宅で、その庭部分が我が家と接していたので、窓からは常に緑の木々を眺めていることができた。メジロやウグイスなどの声も始終聞こえて、都会の真ん中ではあったが、お隣の緑のおかげでゆったりした気分で暮らすことができた。

　夜になると、何と大きなガマまで出てきた。庭に這い出たガマは、柴犬のももには格好のおもちゃとなった。夕闇の中、ももはガマを噛んだりはしなかったが、跳ねながら前脚で引っかいては、ひっくり返して遊んでいた。

「ももちゃん、いい加減にしなさい！」

ガマがほうほうの体《てい》で、のそのそと茂みに隠れるまで、ももは跳ねていた。

一方、ラブラドールのしゅん太はガマには一切興味を示さなかった。動く異物であることは分かっているのに、柴犬より格段にあらゆることに興味を示し、遊びの大好きなラブなのに、なぜかガマの姿を見て見ぬふりをしているのは、何ともおかしな光景だった。わたし達の見ていない間に一戦交えて苦い思いをし、その後は触らぬ神とでも思っていたのだろうか。近所の人の話によると、ガマの出没は、なんでも以前近くの大きなお屋敷に池があって、相続でその土地が切り売りされ、池も潰された名残だそう。もう一昔前のことだというが、都会のガマの生命力はすごいものだ。

この大岡山での二年間は近くに住む子ども達との往来しげく、週末には一緒に食卓を囲むことも多く、こんな風に家族四人が集うのは何年ぶりだろうと感慨深いものがあった。既に結婚しているが、単身赴任の夫と離れて東京で仕事を続けている娘と、そろそろ婚約という息子であったが、お正月にはそれぞれの連れ合いも集って、一回り大きくなった家族でにぎやかに過ごしたものだ。

子ども達と共に、同じ目黒区在住の長年の友人大島正人・美紀夫妻や、学生時代からの友人蜷川洋一・真理子夫妻ともよく集まって一緒に楽しい時間を過ごした。

遊び心のお茶会をした時のこと、蜷川夫妻にお願いして、季節の味、岐阜県中津川の栗きんとんを用意していただいた。が、皆がちょっと部屋を離れたすきに、ラブラドールのしゅん太が何やら口いっぱいに頬張って飛び出してきた。息子が取り押さえて、口をこじ開けてみると、和紙にくるまれた栗きんとんが出てくるわ出てくるわで皆大笑い。菓子器に盛られた上品な紙包みは、しゅん太の目にも何とも魅力的に映ったのだろう。食いしん坊のしゅん太は、この手の話題にこと欠かない。

近くには散歩に最適の大きな池のある洗足池公園があった。往時勝海舟の愛した公園として知られている。池の傍にドッグカフェがあって、チワワやトイプードルなどの愛玩犬を膝に乗せたマダム達がゆっくり午後の時間を過ごしている。たまには犬連れでおしゃれなカフェにでも、と子ども達二人が二匹を連れてしずしずと店内に

もも（左）としゅん太（右）

足を踏み入れたその途端、しゅん太が猛ダッシュ。行き先にあったのは何とオムライス！のレプリカ!!　作り物だから匂いがするわけでもなく、家でオムライスなど食べさせたこともないけれど、一目見て、何やらうまそうな食べ物だと直感したのだろう。あわてて力いっぱい引き戻した息子は、後々まで「恥ずかしかったあ」とぼやいていた。

さて、このように穏やかで平安に満ちた東京生活ではあったが、夫との風呂攻防戦は依然として水面下長期戦の構え。何としてもギャラリーで風呂上がりのビールを飲みたい義浩であったし、湿気と共に学生下宿部屋風の乱雑さを、神聖なるギャラリーに絶対に持ち込みたくないわたしであった。友人や子ども達との愉快な集まりの折にも、何かというと風呂攻防戦が話題にのぼり、

「お風呂は決着ついた？」
「いっそ足湯にしたら？」

などと、周りは可笑しさをこらえながら、あれこれと助言をものしてくれた。

建築設計案

これより前、福岡在住時に義浩は九州産業大建築科の先生と知り合って、ギャラリーの

話がはずみ、先生の方でも、面白い、ゼミの学生に夏休みの宿題として、設計図を描かせようということになった。九十坪の長方形の土地で、短辺の三分の一くらいのところに一メートル余りの段差が入っている、設計によっては面白くなりそうな地形。そこに展示ギャラリー、談話室（義浩は「ワイガヤルーム」と呼んでいた。皆でワイワイガヤガヤお酒を飲み、多分そのまま寝てしまうこともできる部屋）、ミニキッチン、そして風呂付き！こんな欲張った条件を提示して、建築科の約二十人の学生さん達の夏休みコンペが始まっていた。

学生さん達の力作が送られてきたのは、東京に戻ってしばらくしてから。ちょうど出張で東京に来ていた工務店の宮崎源ちゃんと一緒に一枚一枚丹念に見ていく。段差をそのまま利用して縦長階段をギャラリーの中央においた案、宿泊者用のたくさんの布団を並列のキャスター付きタオル掛け状にして押し入れに収納する案など、源ちゃんも、

「面白いねえ」

「ほほう、よく考えたなあ」

と、感心しながら見ている。あまりの見事さに、一等賞、二等賞、三等賞を選び出し、その後二人で大学まで出向いて、心ばかりの賞品の図書カードを差し上げたくらいだ。これらに含まれていた妙案は、その後何度も引き直された図面のいくつかに反映されること

もあった。

図面と言えば、洋建築事務所の協力を記しておかねばならない。わたし達の友人で美術部OGでもある城水悦子さんがご主人亡き後、事務所の所長を受け継ぎ、北九州の各所に斬新なデザインの建物を設計している建築事務所である。この事務所が最終的にギャラリーの設計を請け負ってくれることになった。担当の建築士さんをはじめ、事務所の方々には本当に最後までお世話になった。門司港駅前、所謂門司港レトロ地区の真ん中に位置する郵船ビルの最上階、関門海峡を見わたす素晴らしい眺望をもつ洋建築事務所に何度足を運んだことだろう。事務所の方が淹れてくださるおいしいコーヒーをいただきながら、何枚もの平面図、立面図を何度見直したことだろう。庭を抱いてL字型の建物にする、絵を個別に鑑賞できるように小さな個室を入り組みながらいくつもつなげていく、など設計士さんならではの斬新な案を伺ったこともある。

それというのも、これより少し前のこと、巨大な二つの石（というより岩）が敷地の片隅に持ち込まれたことも、度重なる見直しを迫られた大きな要因である。北九州市八幡区のさるお屋敷が解体売却されることになって、立派な庭にあったその石がじゃまになり、砕くしかない、と言っていたのを義兄の馬場重信さんが聞きつけて義浩に通報があった。

早速見に行ったところ、この大石は今では採取禁止になっている熊本県人吉の球磨川の石であることが判明した。しかも一対の夫婦《めおと》岩、このまま砕くのはあまりに惜しい。

「もらおうじゃないか」

ということになった次第である。

簡単に「もらう」といっても一つが十九トン、もう一つが十四トン。大きなトラックを仕立てて石を積みおおせても、県道からギャラリーへ続く狭い田舎道を無事に通れるかどうか、という巨大さであった。が、そこは数々の現場経験を積んだ源ちゃんのこと、二台のトラックに一つずつ大石を載せ、心配する運転手さんをなだめて出発した。ギャラリー予定地の一キロメートルほど手前、小学校前の県道の角を曲がりきれず、後退してぐるっと遠回り、小学校横の直線道路から来て四つ角を抜け、細い道に入って行った。そしてブロック塀や田んぼに挟まれた細い道七百メートル余りを道幅ギリギリ、塀をこすらず、へりから落ちずに一時間以上かかってそろそろと通り抜け、無事に敷地の中へと運び込んだのである。その上、石を下ろす時には、別に用意した五十トンクレーン車のタイヤが石の重みで泥にずぶずぶはまっていったそう。元は田んぼだった土地なのだ。これらの難関を次々にクリアして無事に据えつけられた二つの大石、まことに、困った時の源ちゃん頼みであった。

ずっと後になって、義浩から聞いた話である。この二つの大石をもらって帰る際に土地の古老にこう言われた。

「球磨川は名だたる暴れ川よ。大昔から大洪水を繰り返してきた。この石はその度に人の生き死にをようけ見てきたことじゃろう。あるいは、この石自体もその因を作ったことのあるやも知れん。こうした危うい石を敷地に入れるに当たっては、よくよくその魂を鎮めてやらんことにはなあ。そうして一旦魂が鎮まれば、今度は立派にその土地の守り石となってくれることじゃろう」と。

源ちゃんと義浩は、共にこのことばを胸にしまって帰ってきたのだった。

されぱこそ、遠く四国から縁ある神職にお出でいただき、厳かな魂鎮めの式を執り行ったものであろう。ギャラリー成った現在は、東北隅の鬼門を守るが如くに、どっしりと鎮座ましましている。陽光を浴びながら子ども達が歓声を上げて大石によじ登っている姿を見るにつけ、この二つの石の喜色に満ちた安堵を思う。

さて、このようにして二つの大石が東北の隅に鎮座したため、建物の設計案は初めのコマに振り戻った。せっかくの九産大学生諸君の妙案も生かせるところがなくなってしまった。この石を一番いい形で部屋の内から眺めたいのである。大きな石が違和感なく庭に収まるよう、なるべく広い空間を庭に当てたいと考えて、建物自体はなるべくシンプルな容積率効果のいい形となろう。建物の東北部にくつろぎスペースをもっていって、その大きく開けた窓から石を眺めることにしよう。そんな風にコンセプトがシフトしていく。

土地を広くする！

本当に幾通りの図面を考えてもらったのだろう。問題は、大きな二つの石をいかに効果的に眺めるか、それに尽きる。

「この石が入った時から、計画は全く違ったものになったんだから、土地を広くするよりないでしょう」

と、わたしが言う。二人

大石と子ども達

の間で何度口論が繰り広げられたことか。

「農地転用の手続きが難しくて、時間がかかり過ぎるんだ。それに祇園の女将《おかみ》さんがお達者なうちに早く建てなくちゃ」

と義浩。

こう書けば穏やかに聞こえるが、どうしてどうして、短気な彼の激しやすい性格。彼にしてみれば、何で俺のやることに一々文句をつけるんだ、と不満と怒りでいっぱいなのだろう。もっと穏やかにきちんと話し合いたいのに、と思いながら、わたしはことばも気持ちも抑え込まざるを得ず、仕方なく、

「アリノスサビ、アリノスサビ……」

と呪文をつぶやいて、ただ吹き荒れる風の過ぎ去るのを待つばかり。二匹の犬達も、これは喰えないと、下を向いて隅っこにうずくまっている。

二人の争いを誰からか伝え聞いたらしい女将さんから、

「わたしのことは、どうぞ気にせんといてください」

と丁寧なお手紙までいただいてしまった。京都祇園の名茶屋「松八重」の女将さんは御年九十歳。脩さんが京都にいた時、偶々《たまたま》個展会場を訪れ、全く無名だった彼の画才を見出してくださった。脩さんのことを「原田先生」と呼んで、その画と人となりを愛し、支え

てくださった方だ。座敷に付設されたカウンター・バーには脩さんの静かな画が掛けられている。普通、一見《いちげん》さんは入れない祇園のお茶屋さんであるが、脩さんのおかげでわたし達仲間にとっては敷居も低く、京都の人も九州からの人も、女将さんのやわらかい京言葉のもてなしに居心地良く過ごさせてもらっている。

七月のある日、義浩は、何度も東京まで打ち合わせに訪ねてくれた源ちゃんとも相談して、最終案を作り上げていた。明日はそれを携えて北九州へ向かい、建設に向けてゴーサインを出すという。石の大きさを考慮して、その眺めを正面から効果的に視界に入れるべく、前面の道路に沿った建物、段差を内に取り込んで、中央に長い三段の階段を擁した建物を作るという。建物内に段差をつけるという点に関しては、これまで何度も議論に上った。室内空間に変化がついて面白いという義浩と源ちゃんに対して、狭い室内に一メートル近い段差が要るのかと疑問を呈する義隆さん。わたしは障碍《がい》者やお年寄りのためにもユニバーサルデザインを目指したい、段差をなくしたいと、それぞれ考えを出し合って話し合ってきたつもりだった。段差のみならず、建物の配置や全体のコンセプトなどに納得し切れないわたしと義浩との間に一致点を見いだせないまま、口論が続いた。

「そんな……、道路に沿って、石垣の上に七間の長さ、三間もの高さの建物が段々状にそびえる、そんな要塞のような建物を作りたかったわけじゃない。山懐に抱《いだ》かれる浄瑠璃寺のような建物をイメージしていたんじゃなかったの？」

二人の口論を聞いて、その頃体調を崩して我が家に逗留していた娘の彩子が、わたしに助け舟を出してくれた。

「お母さん、自分で役所に掛け合って、農地転用の手続きとか、やってみれば？」

「そうだ、そうしよう。それしかない。ありがとう彩子ちゃん！」

すぐに行橋市役所に電話して、詳しい手続き方法や要する期間などについて詳しく尋ねた。

そうして翌朝、例の図面を手に最終決定のために北九州へ向かおうとする義浩の衣をむんずと掴んで、役所に尋ねたところ、農地転用の手続きは、さほど困難でないこと、そしてさらなる土地の購入のための費用は何とか用意できることを伝えた。

ほどなくして役所の手続きが終わり、結果的に当初の三倍、二百七十坪あまりの土地を購入することとなった。実は、広くしようと言った時、わたしは百五十坪ほどで十分と考えていたのだが、地主さんと交渉した結果、田んぼ一反の広さの土地を一括購入することになったのだ。一挙に三倍の広さになった！　出費はかさんでしまったけれど、これは今となっては、うれしい誤算であった。おかげで、あの広々とした前庭とすばらしい日本庭園ができたのだから。件《くだん》の大石も広い庭にしっくりとおさまって見える。

さあ、土地がぐんと広くなって、またしても設計案はスタート地点に戻った。東側の半分以上を庭園にあて、中央に三十坪余りの建物、西側には前庭をとることにして、それでも余裕である。建物は画を掛ける壁面をなるべく多くとりたい。スタッフが休憩や事務をとる小部屋もほしい。庭を眺めながらお茶を飲むための、大きいテラスも。前庭から玄関へと続く少し傾斜のある小路の脇には、回廊風の柱を立てたい。奥の方に小さいメモリアル・スペースを設けて、脩さんの良き理解者だった義父義幸の、晩年に趣味で描き溜めた絵画作品も置けないだろうか。様々な希望を入れながら、設計士さん達が案を詰めていく。展示室は三間かける七間の長方形となる予定。西側にエントランスと玄関、東側にスタッフ用の小部屋とミニキッチン、それに続くテラス、南側の奥にメモリアル・ルーム、と割り振っていく。

展示室と共に大切な空間である収蔵庫を、どのように作るかも懸案事項であった。幸いなことに、熊本に居を移してからお付き合いの始まった、遠縁の阿蘇品保夫さんにいろいろと相談することができた。歴史学者である彼は茶道にも通じていて、熊本の誰もが知る文化人。八代博物館長や熊本県立美術館の審議員等を歴任しており、定年退職後は大病院に付設された美術館の管理責任者を務めていた。収蔵庫は、温度湿度の管理はもちろんのこと、展示替えの度に多大な労力を必要とするので、その位置や段差などに十分配慮すること、とアドバイスをいただいた。さらには美術館開設に伴う利用規約作成の詳細なども教えていただいた。

その頃は、週末ごとに熊本の自宅から行橋の現地へ通っていた。義浩は平日は会社勤めがあるので、文字

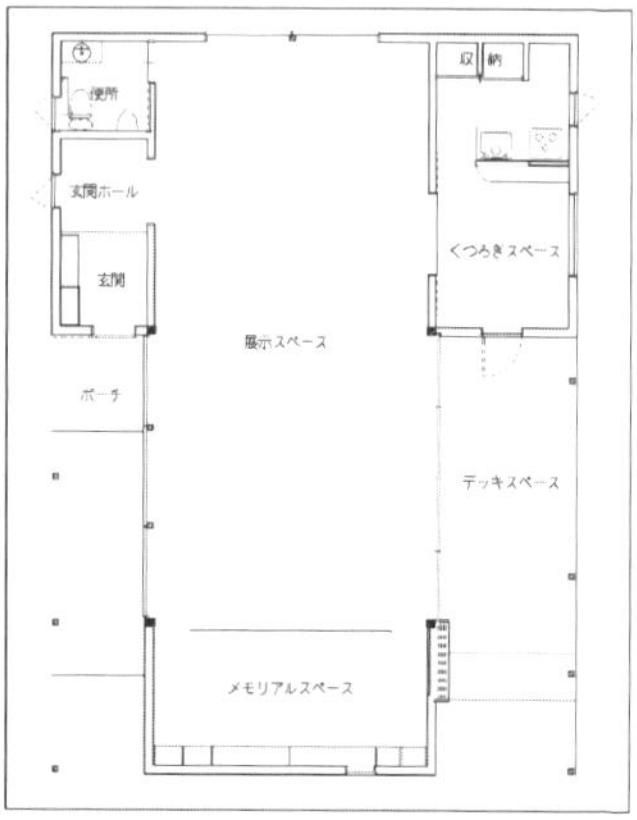

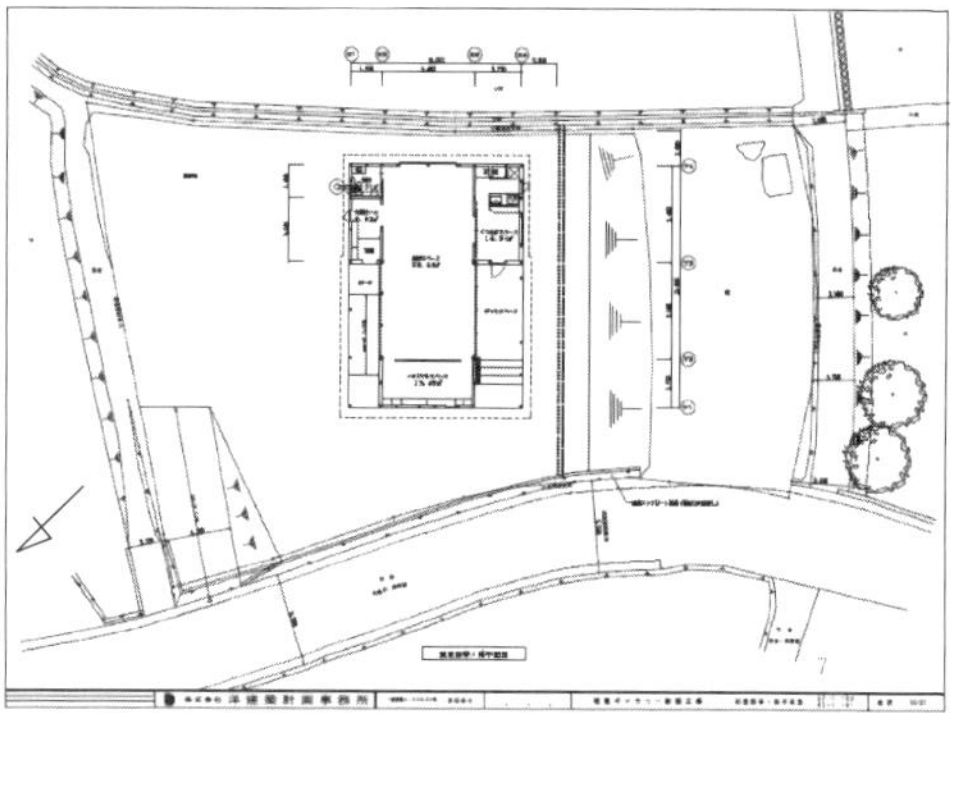

設計図
（上：建物　下：全体）

通り年中無休の生活だった。行橋市稲童までの距離は約百八十キロメートル、振り返って数えてみると、百五十回以上は往復している。地球をゆうに一周できるくらいの距離を運転していたことになる。元来丈夫ではあるが、よく身体がもったものだと今さらながら思う。

片道三時間余りの高速道路を使った道のりの途中、サービスエリアの休憩所に入ると、二人とも目で天井と壁面の間の線を縦横なぞっていく。三間かける七間の空間が実際にどれくらいのものか、互いに確かめ合っていたものだ。この長い往復ドライブの間に休憩をとるのは、行きは福岡県の古賀ＳＡ、帰りは熊本県の広川ＳＡと決まっていた。道のりが、それぞれ目的地まであと三分の一くらいを残す所、いずれもドッグランのあるサービスエリアだ。今でも車でこの近くを走ると、ワゴン車の狭い後部から、嬉々として飛び降りていた犬達の姿を思い出す。

屋根の形は建物全体の印象を大きく左右するので、何度も話し合って慎重に決めていった。わたしは浄瑠璃寺のように山懐に抱かれた瓦屋根をずっとイメージしていた。三十年以上も前から我が家の居間にかけてあった脩さんの浄瑠璃寺の画、池の向こうの浅緑の中に白い大きな屋根が鎮まっているあの画のように（口絵カラー写真2頁参照）。熊本県小国郷の坂本善三美術館の佇まいを見てからは、ますますそのイメージが固まっていった。

打ち合わせ会議では、そのような寺院風の案のほかに、大きな片流れの屋根を持つ近代的な建物案も出された。その案では二重の片流れの屋根の間の大窓から屋上に出て、遠く周防灘の景色が楽しめるという。「海が見える！」というおまけは、ことに義浩にとって、ずいぶん魅力的だったようだ。建築士さんがこの二通りの建物を模型に作ってくれたので、ずっと長い間手元において、あれかこれかと揺れていた。

ギャラリーの建築模型（上：片流れ屋根の案。下：寺院風の案）

二つの片流れ屋根が重なる部分の接合に雨水が漏らないように、傾斜の方向を変える、また屋根の強度を考えて屋上に過重積載にならないように、などアイディアに手直しが加えられていくうちに、結局、屋上で周防灘を眺めるのは残念ながら無理だということになってしまった。二つの屋根を接合した谷の部分にどうしても雨水が溜まってしまうのだ。

それではもう一方の寺院風かというと、そうではなく、義造が、

「片流れは建物としての主張がある」

と、片流れ案を依然として支持し、わたしも説得されたかたちで、改良した片流れ案に落ち着いた。今となっては、偶然にも里山を背景に大きく羽ばたくように立ち上がった態《てい》の建物が出来上がった幸せを見出している。図面や模型で案を練っていた間は気付かなかった、周囲の風景との調和が生まれている。

これと前後して、義造が提案して、内部の奥半分を「能スペース」として確保し、三間四方の、最小ではあるが、仕舞が舞える舞台空間を作ることとなった。これは、能に魅せられて、その頃仕舞や小鼓などに手を染め始めていたわたしへの、彼なりの義理立て、あるいは感謝でもあったのだろう。また、これを提案しておけば、これから起こるであろう様々な問題（資金面も含めて）に対して、少しでもわたしからの風当たりを和らげることができるだろうという、現実的な党利党略であったことも透け透けではある。

まあ、「能スペース」か。実際にここで本式のお能を演じてもらうなどという大きな催

しは、夢のまた夢であろうが、この広い木の空間に朗々とした謡や鼓の音が響く光景は想像すると心楽しい。夫の心遣いを有難く受けとめよう。

能スペースとするからには、四隅の角に檜の太柱はぜひ立てておきたい。洋建築事務所で図面を引いてくださったが、やはりデザイナーたるもの、床から五十センチくらいの高さにタケノコのように突き出ているものや、天井までの三分の二くらいのところで柱を切った斬新な案もあった。

「柱はやはり天井まで届きたいなあ」

と言って、案だけに終わったけれど。結局四方には、源ちゃんが用意してくれた六寸角の立派な檜の柱が立てられた。


ところで、「風呂」はどうなった?

見ていると、この間にあっさりと風呂なしの図面ができつつある。ふうーん、敵もさるもの、

「ともかくも奥さんの言い分を入れて、計画を前に進めよう。どうしても風呂が欲しければ、後からどうにでもくっ付けることができるんだから」

と、助けの神の源ちゃんに言われたに違いない。ぱったりと風呂のことを言わなくなっ

た。

そうして、計画は粛々と進んだ。この風呂が開館の直後に傑作な形で実現することになるとは。

第三章　ギャラリー建設が始まった！

起工式　二〇一〇年三月六日

三月とはいえ、吹きさらしの野の風は冷たく、厚いコートに身をくるんで二十数名が集まった。宮崎から脩さんの旧友金丸幹夫さんが軽トラックを七時間運転して駆け付けてくれた。原田美恵子さんはじめ、脩さんの同級生の仲野富雄さん、濱田輝夫・美智子さん夫妻、旧美術部のいつものメンバ

（上）起工式の日、風は冷たい
（下）義浩と岳雄の「エイ！」「オウ！」

ー。友人の小川周一郎さん、小田哲二さんが正式の黒の式服で参列してくださった。東京からわたし達の娘彩子・恵一の夫婦と息子の岳雄・依里子夫婦も来てくれた。

源ちゃんの指示に従って、岳雄が支えている杭を上から義浩が打ちつけていく。「エイ！」「オウ！」、「エイ！」「オウ！」と太い掛け声を交わしながら、四隅の杭を立て終わった。

三井さんのこと

京都の三井喜代治さん、美術部で脩さんの二年後輩、地鎮祭で祝詞をあげていただいた神職の永井干城さんの実弟である。その兄の縁で美術部に入り、脩さんに絵を教わった。彼は義浩とも気心相通じ合い、このギャラリー建設計画の強力な推進者の一人であった。その三井さんが、虚血性心不全で亡くなってしまった。四月四日、六十二歳。誰も予想だにしない突然の訃報だった。ギャラリーの完成をあんなに楽しみにしていたのに、なぜこんなことが起こってしまったのか。前夜は楽しいお酒を飲み、普段どおりの生活をして二階のパソコンに向かっていた時に、そのまま倒れて逝ってしまったとのこと。連れ合いの万千子さんの心中はどんなだろう。何もかも、兄貴然と落ち着いた夫の喜代治さんに頼りきっていたように見えていたが……。

何を言っても、ことばが空に散ってしまう。

ギャラリー建設の計画が実現に向けて動き出したのを確かめてもらった。そのことをせめてもの餞《はなむけ》と思うほかはない。原田美恵子さんの文を次に引かせてもらう。

（美恵子さんは脩さん亡き後、家に迷い込んだ亀を飼い、亀との暮らしを日記風に綴りSNSで発信していた。）


原田美恵子さん発行の「ふたり暮らし」No.18より

四・四　訃報　三井喜代治さん急逝
　　　　享年六十二歳　急性心不全

まさか!!

満開の桜の花咲く、春麗らかな昼下がり、喜代治さんの身に何が起きたのか!!

万千子さんからの一報・干城さんからの一報、母達に連絡、三郎さんに後の連絡をお願いして新幹線に、その間植田さんよりTELが入る。

胡田夫妻が病院に向かっていることを確認。二十時過ぎ京都着。打ち合わせ場所のガストへ向かう。

万千子さんに声を掛けられない。胡田夫妻が様子を話してくれる。万千子さんのお兄さんと打ち合わせを終えて、私は三井家で万千子さんの傍に居ることにする。突然の事と怒涛のようなその後の事で疲労困憊している。何が起きたのか承知できるはずもない。二人で眠れない夜を過ごす。

於　京都東山中央ブライトホール

通夜　五日（月）19：00〜20：00

葬儀　六日（火）14：30〜15：30

喜代治さんは花を満喫し、万千子さんの温かい饂飩を食して、自分の部屋で何の前触れもなく逝った。逝った本人の無念、今迄共に居た人を瞬時に失い、残された万千子さんの心中が居た堪れない。ひたすら気力の中で、大勢の人に見送られ、立派な葬儀が執り行われた。

そのお顔はふっくらとして気品があった。最期まで、知的でダンディな三井喜代治さんだった。一九七四年、喜代治さんと万千子さんは、若輩の私達夫婦の仲人で、松尾大社で挙式をした。その歳月は私達夫婦と同じ、三十六年であった。相性の合った素敵な夫婦だった。

万千子さんを一人にするのはつらかったが、七日帰宅。オサムさんの死から四年。

まさか、喜代治さんが、追い打ちをかけられた様な事が起きてしまった。

内田百閒の本の中に
「日がたつに従い、愛惜の心を紛らすことが出来ない」

という箇所があった。今の、私の状態が全く其の通り。逝ってしまった二人が重なって、頭の中を駆け巡る。人身の行く末の果ては何処だろう。

判れば百万回でも訪ねよう。ご冥福を祈るしかない。

上棟式　二〇一〇年四月十八日

立ってる、柱がたくさん立ってる！　みかん畑を過ぎて左手、道路から一段上がった土地に檜の立派な柱が二十数本。これまで更地だった草っ原に、見慣れない光景が広がっていた。大工さん達がそのてっぺんに立って、横に梁を入れるべく働いている。どうかするとゆらゆら揺れる柱の上に立って、クレーンで次々に吊り上げられる重い角材を受け止め、木組みを合わせて横の線を繋いでいく。柱が揺れる度、見ているこちらの方がはらはらするが、大工さん達は慣れたものらしく、地上三メートルを平気で飛び移っている。すごい職人さん達だ。

一枚の大板に義浩が「上棟ギャラリー稲童」と太い字で墨書した。裏にはその場に集まった人達全員の署名も入れ、その板を棟の上に収めた。皆の思いのこもった上棟である。金丸さんが先日逝ってしまった三井さんの写真を抱いて来てくれた。楽しみに待っていたはずの上棟式、皆の心に三井さんへの思いが疼いている。

工務店「かんり」の社長宮崎源喜さんと義浩が四隅にお神酒《みき》と塩を撒き、工事の平安を祈った。源ちゃんの建て〆唄が周囲の萌え始めた野原に朗々と響いた。

酒そそぐ木の香ほのかに春の暮　　三郎

句作者の斎藤三郎さんは義浩の二学年後輩、言葉感覚が鋭く、古典文学、ことに俳句に通暁。その後折々に催されるギャラリー句会の宗匠を務めることになる。この句は今、暖簾《のれん》に染め抜かれてギャラリーくつろぎスペースの入り口にある。制作は京都の染物師胡田智史さん。青鼠の絹地に友禅模様が散らしてある。

原田美惠子さんの「ふたり暮らし」№19より

四・十八　16：00より　ギャラリー上棟式

三井君急逝故、質素に行いたい。君が楽しみにしていたギャラリーを、きっと有意義なものにする、と施主植田義浩さんの決意表明。施主と棟梁が東西南北を酒と米で清め、宮崎さんと大工さんが大梁に上り、参加者の名前を認めた上棟板を打ち付けた。

宮崎さんが永遠に栄えますようにという意味の自作の建て〆唄を声高らかに唄い上げた。心に沁みた祈願だった。

参加者　植田義浩、幸子・岡本・近藤・仲野・浜田夫妻・米原夫妻・小川・小田・小林・竹田・浅田・原田隆弘・梶真久・梶芳正・斎藤・金丸・植田義隆・長尾・末永・藤川・宮崎さんほかスタッフ・美恵子。

後、「庄助」で会食。

＊協力会申し込みもお陰さまで順調な滑り出し。

協力会の立ち上げ

赤村で伐り出して製材した件《くだん》の檜は、土台や床板に余すところなく使われたが、それだけではとても足りない。ギャラリーが出来上がっていくにつれて、倍加していく建設費のみならず、その後の維持管理や光熱費などに多くの出費が続くことだろうと、おいおい分かってきた。しかし、その辺りまでの展望は、無いに等しい。土地購入と建材・建設費とで、手持ちの資金、つまりちょうどその頃支給されていた新聞社の退職金は、あらかた使い果たしてしまうだろう。元より、営利は全く考えていない。顧みれば、何とも先行き無計画な着手であった。

それを見兼ねて、いや見越してか、義弟の義隆さん、濱田輝夫さんをはじめとするスタッフが「ギャラリー稲童協力会」というのを立ち上げてくれた。年会費一口三千円の個人会員と一口一万円の法人会員を、友人知人の方々から募集し始めてくれたのだ。有難い限りである。

――美恵子さんが友人知人に送った案内文から抜粋――

脩さんが逝ってしまってから早いもので四度目の春が巡ってきました。ちちぽぽと芽吹き始めるこの早春の時期が好きでした。

たくさんの人と出会い、高校美術部の後輩達とは、それぞれ道は違っても人生を込めての交流を続け成長しました。とりわけ、植田義浩さんは、最良の理解者であり、脩さんと多くの旅を共にしました。脩さんの、画業においても、生きていく道筋においても、二人にとって大切なかけがえのない旅でした。二人の旅はまだまだ続くはずでした。

植田さんの指揮のもと、多くの方々の応援を頂き「祈り」と題し、故郷小倉で開催した遺作展は、これ以上の事はないと、感謝の思いで一杯でした。その会場で、植田さんがドキドキするような事を言いました。「僕、原田さんの画を収めるギャラリーを造るよ」と。

どう受け止めればよいのか。手垢のついてない清浄な画を前にして、植田さんの目は、真剣そのものでした。

それから三年の間、超多忙の時を過ごす植田さんの思いは堅固にギャラリーのことでした。奥様の幸子さんの応援も頂き、そのギャラリーが、五月末の竣工を目指して、三月六日着工致しました。画を囲み、永く永く、多くの人が集い交わる場所として、文化交流の場としての存続を誓って、発起人の方々の同意を得て、別紙の通り「ギャラリー稲童協力会」を発足するに至りました。脩さんの残した画が、今から生まれるギャラリーの空間が、一人でも多くの人々の心を捉えて離さない、その環境をいつまでも必要とされる場にする為に、ご賛同の上、ご入会していただければ幸いです。

共に暮らした者として、この遭遇に感謝し、身に余る事とも重々承知しながら、画が掛けられる日、皆様とゆっくり語らえる日を心から楽しみにしております。

第四章　一致団結しての庭作り

第一次造園合宿　二〇一〇年五月一日～六日

連休を利用して、皆で庭作りをすることになった。陣頭指揮を執るのは、京都の本職の庭師、浅田道雄さん。亡くなった三井喜代治さんとは高校同級で美術部の仲間。二人とも卒業後京都で暮らし、長い交流が続いていた。もちろん原田脩さんや他の美術部の仲間達とも絶えることなく長い付き合いがあった。

「連休は泊まり込むよ。よかったら君もおいでよ」

と、義浩は何気にのたまう。五泊六日、そうなれば犬達も連れて片道百八十キロの大移動である。どうなることやら、と思いながら、犬の食料やおやつも入れて、義浩のビールも入れて、移動の準備を整えた。この犬ぐるみの移動は、その後の建物の完成、ギャラリーの発足後も週末ごとに何度も繰り返されることとなる。

ラブラドールのしゅん太は、小さい頃から車に乗ってのお出かけが大好き。必ず楽しいことが待っているという確信の下、お出かけの気配を察知した時からもう興奮状態が始まる。

一方、柴犬のももは生後七ヶ月を過ぎてから我が家にやって来たこともあって、幼少時からの車への慣れがなく、片道三時間余りの移動は難行苦行、その度に吐いて、哀れなことこの上ない。それに、ラブのように喜んで人間の遊びに加わるというのではなく、和犬の特質として、用心深く周囲の変化に慣れにくい。車の中でも、着いてからも、成り行きに任せてケージの中に小さく縮こまっている様は、本当にいじらしいものであった。

義浩の檄文

友人各位

八十八夜も過ぎて、いよいよ緑があふれる時期になりました。

「原田脩記念 ギャラリー稲童」の上棟も四月十八日に無事修了し、いよいよギャラリーが立ち上がってきました。

そんな矢先に、原田脩さんの美術部時代からの仲間で、京都在住の三井君が突然、虚血性心不全のために亡くなりました。三井君はギャラリー建設の発起人でもあり、この事業の推進役でもありました。ギャラリーの完成を心待ちにしていただけに、残念でなりません。

三井君の葬儀の折に、京都で絵を描きながら庭師をやっている浅田君が、ギャラリーにふさわしい庭園をみんなで作ろうと提案してくれました。庭園の設計図もあらかた作り上げ、平戸ツツジ５００本、サツキ２００本、ラカンマキ55本、オカメザサ５００株も取り揃えました。これらの木々は全て原田脩の最期を看取ってくれた山川先生の寄贈です。五月の連休に時間と体力のある仲間達が集合しました。棟梁の宮崎源さんが設営を引き受けてくれ、テントを３張りたててくれました。これで現地泊まり込みの「庭作り飯場」の用意が完了しました。はるばる宮崎から金丸さんが軽四輪トラックに炊事道具、キャンプ用品、大量の酒、焼酎、モチロン庭作りの様々な道具を満載して駆け付けてくれました。七時間もかかったそうです。

五月一日から早速作業開始。ユンボも登場しました。オペレーターは源ちゃんの仲間中島さんとその息子さん。築山を作り、池を掘り、しっかりと整地してくれました。そこからいよいよ植栽の開始です。なにしろ素人集団のにわか植木職です。浅田親方に一から植え方を手ほどきしてもらい、１３００本を越す草木を植え付けましたが、苦労の連続。

その作業と平行して、二年前に運び込んで、地鎮祭を済ませた大石の周りに池を掘り、蓮池作りです。底から水が漏れないように、ゴムを張り合わせた防水シートを作り、池の底を覆います。これも素人の作業ですから、全くの手探りでした。

また、一方で景観つくりのための笹薮の刈り込みと、邪魔な雑木の処理も行いました。エンジンカッターとチェーンソーも活躍しました。初日は約20人の仲間が参加して、作業を行いました。

昼、夜の食事時は、女性陣の活躍です。キャンプさながら……。


「よかったら、君もおいでよ」

と言われて、のこのこ付いて行ったつもりだったが、そんな「のこのこ」は一日で吹っ飛んでしまった。何しろ、野営キャンプさながら、何もない場所で、常に出入りのある二十人余りの昼夜の食事の準備が必要なのだ。炊事担当として友人の廣中博見さんが義浩の依頼を受けて福岡から駆け付けてくれてはいたが、何しろ大所帯。水はすでに掘ってあった井戸から水質のいい水が湧き溢れているが、煮炊きにはカセットガスコンロと、あとはドラム缶の焚き火のみ。それでも、連日連夜、バーベキューとお鍋をメインに、行橋在住の妹の米原夫妻やその友人達の差し入れのおかず類も加わって、豊かな食生活をエンジョイしてもらうことができた。まだ根太《ねだ》しか通っていない場所での配膳に困って窮余の策、板の上に大盛りのおかずやおむすび、果物などを一列に並べた「ランチ・バイキング」も、

かえって功を奏し、宮崎から軽トラで馳せ参じた金丸さんから、

「この飯場の飯は最高！」

と、お褒めのことばをもらったりもした。


炊事担当の廣中さんは、この間皆に強烈な印象を与えっぱなし。

曰く「朝から本場仕込みの辛ァーいカレーを喰わせる！」。

曰く「ビールとケーキとおむすびを同時に喰う！」。

曰く「この世に彼が食べられないものは何もない！」。


理科系の幅広い薀蓄と共に、その食にかける情熱において、彼の右に出る者はいないだろう。

彼はわたしと高校一年二年と同じクラス、義浩

ランチタイム（左から植田岳雄、宮崎源ちゃん、小林弘さん、義浩、米原さん、近藤さん、金丸さん）

ともずっと懇意で、お互い十六の春から、半世紀以上に及ぶ長い付き合いである。大学卒業後インド、ネパール、東南アジア各地を放浪し、インドでは僧侶となって三年に及ぶ托鉢生活も経験した。ガンジス河のほとりを僧侶姿で歩いていて、これまた世界放浪旅行中の高校同級生とばったり出会った話も含めて、その間のエピソードは尽きることがない。学生時代は京大ボート部でエッセン（食事）マネジャーだった彼は、この後ずっとギャラリーの「シェフ」を務めてくれることになる。独特の学生合宿ボート部料理とアジア諸国で身につけた本格的カレー料理、エスニック料理、それに生豆から購入して電子レンジで焙煎し、念入りに淹れてくれるコーヒーの味は、この後もギャラリーになくてはならない「シェフの味」となっている。

夜はバーベキュー（中央に廣中シェフ、後方に筆者、その右にエビちゃん、小林ドクター夫妻）

本当に急な呼びかけであったのに、何人の友人達が様子を見に訪ねてきてくれたことだろう。この時の義浩の「結果報告書」には四十名を越す人々の名が記されている。もちろん全員ボランティア。それぞれ「飯場泊まり込み組」「現地泊まり込み組」「現地集合組」「激励駆け付け組」「プロ職人組」等に分けられて、浅田親方、宮崎棟梁、金丸何でも屋、廣中賄い責任者、胡田次世代賄い、世捨て俳人三郎……等々、役割と共にその名が記されている。１００キロウォーク仲間の名も「現地集合組」に連ねてある。強力なユンボ・オペレーターは中島さんの息子さんとその仲間のプロ職人さん達である。

テントをあちらこちらと張って、急ごしらえの作業飯場が出来上がっている。「飯場泊まり込み組」の男性諸君の大方は寝袋持参でテント泊だったが、金丸さんと浅田親方は格好の寝場所を見つけていた。何というか、まだ床板を張っていない床下である。下地一面

泊まり込み用のテントと、奥には移設された犬小屋

はコンクリート、その上に縦横にやはりコンクリートで高さ五十センチほどの土台が築かれ、その上に木材を置いて根太《ねだ》となっているが、それらに囲まれて大小様々な長方形の窪みができている。自分の身体にちょうど合う窪みを見つけ、そこに寝袋を持っていって寝たのである。周囲が土台で囲われていて風も防げるし、屋根だけはできていて雨も大丈夫、外も見えるし、少々の堅さを我慢すれば、快適な寝場所だったそうだ。さすが野外でのサバイバル術に長《た》けているお二人ならではの快適さであったろう。

庭作りの様子

以前、二〇〇四年の義浩の福岡転勤に伴って、わたしも福岡に同行したが、その折の仕事の同僚四人が「激励組」として、一台の車に同乗して駆け付けてくれた。ところが、連休の九州自動車道である。高速道路終点近くの駐車場を待ち合わせ場所にしていたが、待てども待てども同僚達は到着しない。やっと会えた時は午後二時を過ぎていた。長時間渋滞に巻き込まれて切羽詰まった状態になっていた彼女達の声に押され、そのまま道なりに進んで、できたばかりの北九州空港に駆け込んだ。無事に落ち着きを取り戻した彼女達。しかし、新設の空港にトイレを借りに立ち寄るというのも、なかなかないことではある。

さて、空腹をかかえた五人は「開港記念　麺類20％引き！」の貼り紙につられてスカイレストランへ。ちゃんぽん、焼きそば、焼うどん、ラーメン……。

「わたし達って、めん喰いよねぇ～」

と言いながら、熱々をほおばって、お腹もやっと落ち着いた。

皆さんへのお土産にと、売店で小倉名物イワシの糠炊きをたくさん仕入れて、ギャラリーへ向かう。が、出口でもらった観光地図をたよりに走り出したものの、途中でうろうろ迷ってしまい、行橋市郊外のギャラリー現場にたどり着いた時は、作業の皆さんは近くの温泉施設に汗を流しに出かけた後で、夕食の準備も終わりかけていた。お役に立てなくて申し訳ない、と料理の腕を振るいそこねた彼女達であった。でも、お土産のイワシの糠炊きはお酒の肴に好評だった。

労働の後の汗を温泉に流しに行っていた人達の中には、熊本から駆け付けてくれた小野泰輔・由里夫妻もいた。熊本でもよく会って、由里さんが昔通った東京工業大学が、わたし達が以前に住んだ目黒区大岡山の家のすぐ近くだったことからローカルな話が弾んだ。その大学は緑の広大な敷地を擁しており、よく犬の散歩をさせてもらったものだ。入り口にこんな立札があった。

「大型犬は二頭までにしてください」

えーと、我が家は大型犬ラブラドール・レトリーバーと中型犬の柴犬の二頭なので、基準を楽にクリアできている。それにしても、犬達にとって大らかな粋な計らい。春の花見や夏の木陰の散策など、地域に広く開放された大学だった。由里さんは建築科を出てインテリア・デザイナーの経験があり、内部のあれこれの相談に乗ってくださるそうで心強い。

お二人はギャラリーにふさわしいテーブルや椅子などを探しに家具の産地、福岡県南部の大川市まで足を運んでくださった。

連休の谷間の二日はわたしの誕生日だった。義浩が買い物に出るシェフ廣中博見さんにケーキを頼んでくれた。折よく訪ねてくれた友人の水上明子さんと三人で買い出しに出かけた。わたしと明子さんがビールや肉や野菜や、と買い込んで洋菓子売り場の前まで戻ってくると、さっき注文したケーキの箱が二つに増えている。博見さんが小さな声で、

「一つは僕が食べるから……」

一つといっても生クリームたっぷりの大きなホールケーキ。明子さんとあきれて大笑い

しながらギャラリー飯場に戻った。

案の定、宴の最後のデザートの時には、特大のケーキ片をほおばる博見さんに左党の男性陣から大きなブーイングが飛んだものだ。その夜は明子さんからお花、小林清ドクター・道子夫妻から差し入れのシャンパン、全員の「ハッピーバースデー！」の大合唱にお祝いされて、これまでにない誕生日となった。

小林ドクター夫妻からは角館《かくのだて》の枝垂《しだ》れ桜の苗木も届けられ、ギャラリー敷地の左手からぐるりと前庭を囲む形で植え付けられていった。浅田師匠の丁寧で厳しい指導の下、源ちゃん、小林さん、三郎さん達が、支柱列が下手から見て一直線になるように何度もやり直してくれた。工務店の大将でも、庭作りとなると、勝手が違うものらしい。支柱は一直線か、列は揃っているか、植える側には細心の注意が必要なのだ。すっきりと植え揃えられた角館の枝垂れ桜の苗木には皆感動。口々に、

「十年後にはここで花見やね！」

「きっと桜の名所になるよ！」

「それまで、楽しみに生き永らえんとねえ！」

そこで一句、
老いらくの夢にしだるる桜かな　　翠

ここで特記しなければならない。「労働者濱田輝夫さん」の登場である。地元行橋在住で大の読書家、本の虫が昂じて大書店クエストを立ち上げ、九州でも有数の書店に育て上げた。この三月に小倉の老舗デパートの役員を定年で退職され、晴れて自由の身となったとあって、この後ギャラリーの設営、運営に大尽力されることとなる。今まで恰幅《かっぷく》の良い背広姿しか拝見したことがなかったのだが、何と上から下まで真新しい労働作業着に身を固めて、奥様の美智子さん運転の車からさっそうと降り立った。

「いやあ、途中の量販店で揃えてきたんだが、作業着上下とゴム長靴、帽子、上から下まで全部で二千円だったよ！」

「え、二万円じゃなくて、上から下までで二千円?!　行橋はいいところだなあ」

入り口から右手に広がるツツジとサツキの植え込みは、濱田さん指揮の下、土盛りから植え付けまで行った同級生の方々の努力の結晶である。また、彼はその後、ギャラリーへの頻繁な往復のために、これまでは必要のなかった運転免許まで取得された。展示室では柔和な笑顔で来訪者を迎え、同級生だった原田脩やギャラリーについて丁寧に説明してくれる。

庭の中央に、大きな石組みから流れ落ちる水流に擬したオカメザサが植え込まれた。この部分の固い土にスコップを入れる相当きつい作業は、京都から駆けつけた友禅染めの職人胡田智史さん（通称エビちゃん）が受け持ってくれた。若くて体力があるからという浅田師匠の見込み通り、汗水流しながら、庭の真ん中を横切って溝を掘り続けた。助っ人小田哲二さんが濱田さんと一緒に這うようにして、そこに笹を植え込んでくれた。エビちゃんはその時は何も言わなかったが、後に京都で会った時に聞いた。かなり腰にきていたらしい。わたしの弟の水田量平も、土木作業で腰を痛めて整形外科通いをしたと聞いた。皆、普段慣れない肉体労働を若さ（？）に任せて突っ走っていたらしい。

　敷地の三分の一くらいの所に一メートル以上の高さであった段差は、ユンボで土を削ってなめらかな斜面になった。掘り出した土は南東の隅に盛られて、そこには羅《ら》漢槇《かんまき》の苗木五十本余りが植え込まれた。成木は五メートルほどになるというこの木、いつの日かきっと槇の林ができるのだろう。

植え込まれた羅漢槇

脩さんの美術部二年後輩の原田隆弘さんと、義弟の義隆さんは二人して首から草刈機をかけ、周囲の草木をなぎ倒していく。荒地の中をずんずんとどこまでも侵入して、まるで開拓民さながら。

「お茶ですよ〜！」の呼び声もエンジン音にかき消されて、なかなか彼らの耳に入らず、ひたすら草刈りに没頭している。草刈りが一段落すると、締めは刈った草木を池の端で燃やすこと。何しろ膨大な量の草木である。もうもうと上がる煙にいぶされながら、二人で全ての後処理をしてくれた。

庭師、親方の浅田さんは作業の合間、図面を広げて何度も景色の立ち上がりを確かめている。皆が焚き火を囲んで、夕食やその後の団欒に興じている最中も、時折庭へ回ってじっと腕を組み、形を整えていく庭を見つめていた。

この合宿で植え込まれたのは、サツキ二百本、平戸ツツジ五百本、オカメ笹五百本、羅漢槇五十五本、枝垂れ桜二十本、姫蓮十株であった。苗木は全て、脩さんの最期を看取ってくださった医師山川満先生からの寄贈によるものであった。

再び造園合宿　二〇一〇年六月

六月の土、日、月曜の三日間、再び庭作りキャンプの召集が発せられた。京都から浅田師匠と、今回は三井万千子さんが来てくれた。四月に夫の喜代治さんが突然亡くなって以来、閉じこもっていたのを、是非にと言って来てもらったのだ。浅田さんの後ろから静かに頭を下げて入ってきた万千子さんに思わず駆け寄って肩を抱いた。

「来てくれて、ありがとう……」

声にならない。あれからずっと心身の疲れが大きく溜まっているであろうに、皆に交じって炊き出しに作業に、大いに手を貸してくれた。

梅雨のさなかである。次々に植栽を進めるが、作業中はずっと雨続き。時間が限られているため、雨と汗とに濡れながら、皆いっときも手を休めない。女性陣も炊き出しだけでは済まず、人海作戦に加わった。玄関前の玉竜《たまりゅう》の円い植え込みは、グループM、すなわち万千子・美恵子・美智子・正子の手によるもの。とても高価な玉竜であるが、行橋住人の美智子さんが園芸店から格安の苗を見つけてきてくれた。雨が激しくなってくると、二人一組となり、一人が傘をさし掛けながら作業を続けた。

裏手の溝沿いの未央柳《びようやなぎ》は親娘コンビ（嫁姑とはいわず）、息子の連れ合いの依里子さんとわたしの手による植え付けだ。未央柳は普段は目立たない潅木だが、初夏に一重の山吹に似た黄色い花をつける。花の名前を知らないという依里子さんに教えながら、
またきかれ未央柳とまた答へ　　星野立子

を思い出した。まこと、そのような花である。

初夏に咲くこの素朴な花を、依里子さんはその後、何度眺めに来てくれたのだろう。三人目の女の子を授かった後、胸にできたしこりががんと判明した。苦しかったであろう治療の日々を持ち前の明るさと積極性で乗り切ってきたが、二年間の闘病の末、天に召された。八歳、五歳、二歳の可愛い子ども達を残して。

息子岳雄は、子ども達を立派に育て上げると依里子さんに約束した通り、懸命の育児の甲斐あって、三人は健やかに成長している。上の子はもう中学生にもなった。時折皆でギャラリーを訪ねてくれる。その時はギャラリーの芝生の庭に真ん中のとがった大きなテントが設営される。ワンポール・テントというのだそうだ。夜になると、灯りと共に、子ども達の賑やかな笑い声が漏れてくる。

が、その間の諸々《もろもろ》を含めて、わたしの心は晴れることがない。未央柳は様々なことを思

池掘り。手前の穴は植樹用

う、つらい花になった。子ども達が屈託なく、のびのびと育っているのは救いである。

　庭作業は雨の中続いている。依里子さんと一緒に東京から来た息子の岳雄は、義浩と一緒に水路作り。井戸から筧《かけひ》を通して池へと落ちる水路にかかり切りである。前回の合宿時に中島さん達がユンボで掘ってくれた池用地は、ぶ厚いゴムシートの上に粘土質の土などを盛って水漏れのないように仕上げてある。水路に白い砂利を敷き詰め終えて、

「さあ、水を流すぞ」

と、皆集まって注目。ポンプから汲み上げられた冷たい井戸水が筧を通り、溜まった石の手水鉢《ちょうずばち》から落ちて、じわじわと白砂利を浸し、池へと流れを作っていく。拍手で迎えられた清冽な水！

「成功！」

　池の完成である。この池には姫蓮が植え付けられる予定だ。

　ただ、流れの一番上、手水鉢の手前に据えられた蹲踞《つくばい》の大きな平石は、浅田師匠から水平に据えられていないとのダメ出しをいただいてしまった。息子の岳雄が傾いていると言い続けたのに、義浩が肯《がえん》じなかった由。周囲の土を掘り返して、やり直しだ。

「老いては子に従え！」

と義浩に檄を飛ばす。ついでに、

「五十過ぎたら　妻に従え！　というのはどう？」

と言ってみたが、女達の歓声にひきかえ、近藤明充さんははじめ男達からは戦々恐々のダメ出し。ちなみに、傍に立っている妻の肇子さんは太極拳の師範、素敵に強い。理論家の近藤さんは先年の遺作展での大きな働き以来、ずっとギャラリー建設計画の中心にいてくれる強力なスタッフメンバーの一人だ。


玄関先のシンボルツリーは沙羅《さら》の木、夏椿と決めてある。浅田師匠も義浩も皆も阿吽《あうん》の呼吸で決まったものだ。

「沙羅双樹の花の色」

脩さんの描く画の世界を映し出す、この浄土の庭にふさわしい。

これより前、義浩と二人、直方《のうがた》の山奥の造園業者を訪ねて、山に自生させている沙羅の木を見に行った。雨で赤土がすべる中をこの木、あの木と見て回った。どれも堂々とそびえている。四、五本を群生させるのが常なので、枝の広がりもすばらしい。ただ、山に自生させているので、幹の下の方に陽が射さず、その分上へ伸びていくとのこと。山の中で見るのには本当に見応えのある木々だったが、ギャラリーの玄関先には巨大すぎて、この山から運び出すことは断念せざるを得なかった。

ちょうどギャラリーの屋根にかかる五メートルほどの沙羅を浅田師匠が地元の造園屋さんの庭から選び出して、濱田さん、三郎さん、金丸さんらが鍬をふるい、支柱を立てて植え付けた。まっすぐに伸びて広がる沙羅の木、夏に開く白い花が今から待ち遠しい。


「花は何にしよう」

テラス前に花を植える、と浅田師匠が独り言のように尋ねる。きっとそう決めているに違いないと思いながら、わたしは、

「桔梗……」

とつぶやいた。はたして師匠も即決。早速桔梗の苗を手に入れる。白砂利の向こうに花壇を作ると思いきや、砂利庭に一株ずつ点々と十株余り。それぞれの株の周囲に丈五十センチほどの細竹を五、六本差して上を棕櫚縄《しゅろなわ》で縛り、三角錐の竹囲いとぐるりの小石に守られる可憐な桔梗の点在となった。

最終日は総がかりで芝生作りだ。三十センチ四方の貼り芝を数センチ間隔で置いていく。置いた芝が少し傾斜の掛かった地面の上を滑り落ちないように竹の小さな串で押さえていく。この竹串も金丸さん達の手作り。何でも自らの手で現地調達の精神である。時折小雨

の降る中、限りある時間を気にしながら、作業は総出で続けられた。自分が貼った芝、自分が植え込んだ草、花、木。この後それぞれが思いを込めて手入れしていくことになる。何事にも丁寧な手仕事を惜しまない濱田美智子さんは、その後も、少しでも時間があれば、強い陽射しの中、麦藁帽を被って芝生の間の小さな雑草引きに余念がない。晴天が続く時には、藤川組をはじめ誰かしらが見回りがてら水やりをしている。

宮崎から馳せ参じる金丸幹夫さん、手すさびに始めた竹細工は、すでに玄人の域に達し、大小のざる、花入れ、買い物用の籠、子ども達のための竹とんぼや風車など、たくさんの作品が出来上がっていく。芝生押さえの竹串など、彼にとっては造作も無いこと、あっという間に大量の竹串が出来上がっていた。大きな竹の伐採から枝落としに始まり、なたを入れてするすると竹ひごを作っていく様子には、見ていて感嘆のため息が漏れるくらいだ。

竹細工ばかりでなく、この後、大方の大工仕事や庭仕事は全て彼の指揮下に行われ、炭焼き窯、ピザ焼き石窯や囲炉裏の製作などなど、ギャラリー設備拡充のために獅子奮迅の働きをしてくれた。そして、その働きを、

「こんなに楽しい仕事は無い。ここで皆と力を合わせて働く、こんなに楽しく有難いことは無い」

と言ってくれる。

彼が数年前に連れ合いを病で亡くし、この頃のことを「リハビリ中」と言っていたのを知ったのは、それから五年も経った後だった。

後にギャラリーの運営が始まってからの数年間、彼はその頃支給され始めた年金を、そっくり寄付にまわしてくれて、貴い運営資金となった。そのお礼を言うと、

「いやあ、何でもないっす。国がくれたお金やから」

と、いつも変わらない灰色の作業服姿で、恬淡《てんたん》とした笑顔だった。


合宿の間にも、いろいろな方が訪ねてきて、その都度おいしい差し入れをいただいた。中でも熊本から釣りたての魚をクーラーボックスに入れて運んできてくれたのが、「魚釣り人」こと桐原さんである。大きなボックスから、クロダイ、メバル、アカイサキ……、どれも普段お店の魚ケースで見るものよりぐっと大きい。産海直送の極上の新鮮な魚群、これを刺身に、これをカルパッチョに、これを網焼きに、と魚調理の大好きな義浩が目を輝かせている。珍しいアカイサキは焚き火に渡した金網の上で、お腹を下にして直立するほど大きくどっしりとしている。

「お、立ってる、立ってる」

あまりの見事さに、火の後ろで満面の笑みを浮かべている浅田師匠以下の面々と、記念

撮影に及んだ。

それにしても、彼はいつ仕事をしているのだろう（有能な公務員であるとの評）、と思われるくらい、しょっちゅう本格的な海釣りに出かけては、ギャラリーや熊本の我が家にも釣果をどさっと届けてくれる。天草の海や豊後灘から直でこんなに新鮮な魚を口にできる、幸せなことだ。後に金丸さんの手で大きな石窯ができてからは、庭に植えられたハーブを摘んで魚の腹に詰めた「海の幸の石窯ハーブ焼き」が来客をもてなすご馳走の定番となっている。

庭が出来上がっていくにつれ、ギャラリーの内外も形が出来上がっていく。いや、逆だ。ギャラリー本体が立ち現れるにしたがって、外の庭も整えられていった、と言うべきだろう。大工仕事を担当していたのは金子さんという、源ちゃんの工務店の専属大工さんだ。ギャラリーの設計図を見て、全て自分に任せてくれと、この腕利きの大工さんが申し出てくれたそうだ。構造体組み立ての大人数での仕事以外は、誰の手も借りずに全て一人で担ってくれた。時間はかかったけれど、この建物は細部まで目配りされた職人仕事で仕上げられている。

内壁や外壁をどのようにするかは、以前から何度も皆で話し合ってきた。内部の壁紙はなるべく自然の素材で、画の鑑賞を邪魔しないもの、加えてあまり高価でないもの、難しい注文だ。しかし、義浩は持ち前の嗅覚というか、触覚というか、熊本の街を歩いて格好の和紙を見つけてきた。越後特産の和紙で、コウゾやミツマタの原皮が細かく散っているため、強い上に価格も安いのである。そのサンプルをギャラリーの壁に貼って、皆の意見を聞く。細かく散った褐色の原皮が画の鑑賞の邪魔になるのではないかと危惧する意見もあった。また、義浩からは自分達の手で貼ろうという提案もあって、それは、いくらなんでも無理じゃないかと、決着は持ち越し。

ここで何と力強い助っ人、しかも、その道の専門家が現れてくださった。溝口英男さん、熊本の文化財の修理を一手に引き受ける名工表具師である。染色家の奥様を通して知り合った方だ。ギャラリーの話を聞いて、壁紙貼りを自ら申し出てくださったのだ。和紙を見て、これで十分いけるとして、泊まり込みで腕をふるってくださった。朝から晩まで黙々と貼り続けて、腰痛が起こるのも構わず、作業に没頭していらした。その仕事ぶりは、この建物の総責任者である大工金子さんの職人気質と相通じるものがあったのだろう、この寡黙な二人の職人さんは短期間の間に信頼し合い、すっかり意気投合していたようだ。

源ちゃんの言によると、

「口の立つ職人は腕が立たない」

そうだが、この二人の寡黙さは、彼らの腕の良さの証なのだろう。黙々と、しかも楽しそうに仕事に熱中していた。

予定していた三日間では仕上がらないと、溝口さんはその後も一人で熊本から出向いて来て、さらに泊まり込んで貼り続けてくださった。ボランティアとしての参加だからと、頑として、お手間をかけた薄謝を受け取ってはくださらなかった。そして、その後の開館式の折に、せめてものお礼にと美恵子さんが記念に差し上げた原田脩さんの画をこの上なく喜んでくださった。

ずっと後になって、熊本のお宅を訪ねたところ、この画は、すでに主の居ない仕事場正面の壁に掛けられていた。表装という根気のいる繊細な手仕事の合間、常に眺めては、この画の深い色に心を鎮め、脩さんと思いを通わせ合っていたのだと知った。

外壁は漆喰《しっくい》と板と決めている。板の部分に塗る色はどんな色にしよう？　色目は外観を大きく左右する。三種類の茶系の色を候補に絞って、実際の塗料を板に塗ってみる。外の光に当てて、皆で評定する。濃・中・淡の茶系、それぞれに良い色で迷ったが、結局板目が一番きれいに出る中間のオリーヴがかった茶色に落ち着いた。白い漆喰とこの色がどのように映えるのか、それぞれの想像の中で色付きのギャラリーが立ち上がってくる。

第五章　待ちに待った開館

竣工式　二〇一〇年七月十二日

「だいじょうぶかなあ、間に合うかなあ」

そう言い合いながら、前日までの突貫工事でやっとのこと竣工式にこぎつけた。案内状はこれまでに協力会への入会を約してくれた二百余名の方々に送ってある。その中、主に九州在住の七十名ほどの方が参加してくださる予定だ。その上、何と京都祇園から松八重の女将さんが来てくださるという。御年九十歳、かくしゃくとして、毎日祇園の御茶屋を取り仕切っていらっしゃる。その忙しい合間をぬって、暑い中、遠路おいでくださるという。

「松八重のおかあさんが、いらっしゃる！」

この一事だけで、もうスタッフ一同は心が奮い立つような思いである。

この日ばかりは、お世話になった方々のおもてなしにレセプション・パーティーをしようと、食べ物、飲み物をそろえることになっている。オードブル、サンドイッチ、散らし寿司、赤飯、果物、おつまみ……と全て手作りで当日朝から女性陣の大奮闘である。至近の行橋市内に住む妹の米原稔昌・正子夫妻には買い物やら準備やら、大量のごみの後始末まで本当にお世話になった。妹の友人広見富士子さん、常住美恵子さんや濱田美智子さんも朝から妹のマンションに来て、サンドイッチやおむすび作りを手伝ってくれた。妹夫婦と同居している九十三歳になるわたしの母までも、ポテトサラダ用のゆで卵の皮むきやじゃがいもつぶしに手を貸してくれた。こうして昼過ぎには大量のご馳走をギャラリーに運び込むことができた。

一方、ギャラリーでは男性陣が駐車場や会場の準備に汗を流している。何とか時間に間に合わせて、お客様がボツボツと見え始めた。受付台を設える、人数分の席を用意する、ローカル電車の到着に合わせて迎えの車を出す、込み合ってきた駐車場で車を誘導する。これらの多くの作業には誰が指示を出すでもなく、各人が予め希望した大まかな役割分担に従って粛々と進められた。駐車場管理については、この後、美恵子さんの弟の藤川幸男さんとその友人筒井さんらのグループ、人呼んで「藤川組」の面々が、ぴったりと数十センチの間隔で車を整列させるという離れ業を、イベントの度に披露してくれることになる。

ギャラリーを訪れた人が必ずと言っていいほど口にすることの一つに、スタッフメンバーの自然な働きがある。

「誰に言われるのでもなく、自主的に自分の持ち場を見つけて、そこでの仕事を淡々とこなしていく。そしてそれが何となく、うまくいっている。多分ボランティア・スタッフみんなそうだと思う。全く違う場所に生きてきた者同士が、ここでの作業を新鮮に感じて輪を組んで、うまくいっている、それがギャラリー稲童」

と、美恵子さんのことばである。

京都祇園からのお客様は姉夫婦の馬場重信・美穂の二人が小倉駅まで車で出迎えて案内して来てくれた。暑さの砌《みぎり》であったが、いつも通りの和服、渋い絽のお着物を涼やかにお召しになって、松八重のおかあさんが若女将に伴われて到着された。脩さんの画とギャラリーの佇まい、周囲の景色をゆっくりと見て回りながら、柔らかい京言葉でここに至る道のりを労ってくださった。後日届いたお手紙には、

「あんなにうれしく良い時を過ごした、あの場所に

玉串を捧げる京都祇園「松八重」の女将

は未来が降りかかって来そうな気がします」

と認《したた》められていた。

会場もあらかたお客様で埋まり、原田隆弘さんの司会で竣工式が始まった。先の地鎮祭に来てくださった徳島の神職永井干城さんが祝詞を上げ、館主と共に清めの塩を庭に向かって撒いてくれる。

清めの塩を撒く神職永井干城さんと館主植田義浩

祝詞には、
「遥周防灘を望むこの美しき処に建設する原田脩記念ギャラリー稲童の新室を祓ひ清めし招奉り坐奉る掛巻も畏き産土大神大地主屋船大神達の大前に恐《かしこ》み恐み白《まう》さく……」
「植田義浩　先に常世の国に旅立つる画家故原田脩の残せし数々の美しき絵画を世の人々に知らしめむ為の展示館又会員を始め志在る人々の集に供せむがため此のギャラリー稲童を建設け、城水悦子、宮崎源喜らに事まけ、先年地鎮祭に奉仕奉りしよりこの方工人等緩

郵便はがき

料金受取人払郵便

新宿局承認

2524

差出有効期間
2025年3月
31日まで
（切手不要）

160-8791

141

東京都新宿区新宿1－10－1

(株)文芸社

愛読者カード係 行

ふりがな お名前			明治　大正 昭和　平成　　年生　　歳	
ふりがな ご住所	□□□-□□□□			性別 男・女
お電話 番　号	（書籍ご注文の際に必要です）	ご職業		
E-mail				
ご購読雑誌（複数可）			ご購読新聞 新聞	

最近読んでおもしろかった本や今後、とりあげてほしいテーマをお教えください。

ご自分の研究成果や経験、お考え等を出版してみたいというお気持ちはありますか。

ある　　ない　　内容・テーマ（　　　　　　　　　　）

現在完成した作品をお持ちですか。

ある　　ない　　ジャンル・原稿量（　　　　　　　　　　）

書　名				
お買上 書　店	都道 府県	市区 郡	書店名	書店
			ご購入日	年　　月　　日

本書をどこでお知りになりましたか?

1.書店店頭　2.知人にすすめられて　3.インターネット(サイト名　　　　　　　)

4.DMハガキ　5.広告、記事を見て(新聞、雑誌名　　　　　　　)

上の質問に関連して、ご購入の決め手となったのは?

1.タイトル　2.著者　3.内容　4.カバーデザイン　5.帯

その他ご自由にお書きください。

(　　　　　　　　　　　　　　　　　　　　)

本書についてのご意見、ご感想をお聞かせください。

①内容について

②カバー、タイトル、帯について

弊社Webサイトからもご意見、ご感想をお寄せいただけます。

ご協力ありがとうございました。

※お寄せいただいたご意見、ご感想は新聞広告等で匿名にて使わせていただくことがあります。

※お客様の個人情報は、小社からの連絡のみに使用します。社外に提供することは一切ありません。

み怠ることなくひたぶるに勤しみ励み、又奉仕の心持ちし輩ら、遠きより近きより寄り集ひ、寝食を共に為し京の都より庭師浅田道雄を迎へ指導の随に岩土を切り揃へ花木を植ゑ整へぬ……」

「行く先もつき立つ柱梁戸窓のとよみ鳴ることなく雨風地震に崩《く》え損なふことなく、会員を始め運営に関係る人々訪れ来る人々等諸々の災い在らしめず、永久しくこの美しく吉き処と守り給へ幸え給へ、子孫の八十続き五十樫八桑枝の如く立ち栄えしめ給へと恐み恐み白す」

　ここに至った事情をよく知る神職さんならではの祝詞、寄り集った人々やここを訪れる人々までを幸《さきわ》うことばが胸に深く響いた。そう、「志」なのだ。ここにいる友人達を結びつけているものは。

　神職の永井さんは、数ヶ月前に急逝した実弟三井喜代治さんの姿がここにないことを哀しみながらも、その志を託したギャラリーが完成したことを、彼に報告していたのであろうか。

　ギャラリーの一角に、脩さんの画のよき理解者であり、自身も晩年油絵を楽しんでいた義父植田義幸の記念の小部屋を設けてある。肖像写真、描いた画と何冊か出版された本とを置いて、故人のメモリアル・ルームとさせてもらった。義弟の義隆さんが、その隣に義父の長年の友人達の写真と彼らの著書も収めた。その中のお一人の大石文雄さんが出席して祝辞を述べてくださった。国鉄に長く勤務し、博多駅長を務めた方、闊達《かったつ》なお人柄で生前の義父の第一の友人であった。義浩達三人兄弟の幼少時からをよく知っている。その思い出話を語り、

「義浩君、よく作り上げたね」

と、お祝いと労《ねぎら》いのことばをかけてくださった。続けて、

「後ろの部屋の旧友三人、植田義幸、シャボン玉石鹸創業者の森田光徳とわたしの写真のうち、生きているわたしのだけが黒枠の額縁に入っている」

この一言に会場は大爆笑。一気に場が和んだ。

いいお天気に恵まれて、庭のテントの中に並べられた心尽くしの食べ物、飲み物も皆さんに大好評。

「一体だれが、こんなにたくさん、おいしいものを作ったの？」

朝から料理作りに奮闘した女性陣、前に並んでもらって、拍手を浴びた。

最後に館主義浩の挨拶。作ろうと思い立った趣意、ここに至る経過、ボランティアの方々の奮闘、会員となって支えてくださる皆さんへの感謝などを細やかに述べた。設立の趣意として、

「故原田脩の画業の顕彰と共に、地元をはじめ、各地の方々に広く門戸を開放して、絵画、音楽などの発表の場とすること。それらの活動を通じて、この場所が日常を一歩離れた、清逸にして活気のある空間として、人々が集い交わることを目指す」

と、将来への希望を述べた。これまでスタッフ全員で話し合ってきたギャラリーの目標だ。

「作る！」と宣言してから何年になるだろう。その間わたし達は二度の転勤転居を経て、ギャラリーの土地も建物の計画も二転三転し、時には、作業に関して意見の食い違いも起こって、先の見えないような思いの時期もあった。けれども、目標に向かう義浩の情熱と、それをよく理解し、伴走して目の前の作業に専念し、汗を流してくださった皆さんの力の結集として、このギャラリーは建ち上がったのだ。

挨拶の終わりに近く、義浩は、思いがけなく、わたしへの感謝をも口にした。

「わたしは思い違いをしておりまして、最初は、伐り出した木材で茶室でも作ろうかと思っていたのですが、それを、早くギャラリーを作れと女房にケツを引っぱたかれまして。また当初の計画から紆余曲折を経て、かなり大規模なものになりまして、そのようにするに当たってでも再び引っぱたかれまして、ここまで進んできた次第です。女房に大変感謝しております」

と、いささか品格を欠いた表現ではあったが、これまで、その手の感謝のことばを一切言われた覚えがなかったものだから、すっかり面喰らってしまった。司会の原田隆弘さんにうながされて、大きな拍手を送ってくださる皆さんへ、小さくなってお辞儀を返すのがやっとだった。

その夜遅く、熊本の家へ帰ってから、

「あんな風に感謝を表明されるなんて、思いがけなかった。ありがとう」

と言ったら、読んでいた新聞から目も上げずに、表情も変えずに、ぶっきらぼうに、

「別にい」

と、のたもうた。傍にいた息子も、

「これだからなあ」

と、長嘆息。

開館式　二〇一〇年八月八日

竣工式から四週間おいて、いよいよ開館式である。やはり厳しい暑さの中、七十余名の方々が足を運んでくださった。開式を午前十一時としたため、早朝から全員で準備にかかる。先の竣工式の日に一応の手はずは予行しているが、テントを張ったり、駐車場を準備

したり、誰も大忙しである。

　ギャラリーの開館を知って、予想もしていなかったけれど、たくさんの方からお祝いの花や祝電が届けられた。わたし達夫婦の大学の恩師である田中文雄先生、西洋美術史を教えていただいた。気さくなお人柄で、キャンパス内にあったお宅にも皆でよく伺った。もうお年を召されて母校の名誉教授となられていたが、

「美術館を作っちゃったんだねえ……」

と、喜んでくださり、薄紅色の蘭の鉢を贈ってくださった。さらに東京の友人や、地元の方など多くの方々から贈られた美しい花鉢で室内外が埋まり、馥郁とした香りが満ちている。

　忙しく式の準備をしていたその朝のこと。玄関で、

「こちらでいいですかあ」

と、大きな声がして、大きな二つの甕の花入れがどんと置かれた。見れば、福岡県宮若市に石原祥《いしはらしょう》窯を据えて制作を続けている陶芸家の石原祥司さんご夫妻である。日本伝統工芸会西部支部の重鎮である石原さんが同じく陶芸家の奥様と一緒に、ご自身の作品の大きな焼き締められた土色の花入れを、お祝いにと持ってきてくださったのだ。本当にもったいないような気持ちで受け取らせていただいた。この一対の大きな花入れは、その後、

催し事のある度に白萩や薄やギャラリーに咲く野の花をたくさん活けて、皆さんをお迎えしている。

この開館式は正式な一般への公開とあって、行橋市教育委員長の徳永文晤さん、行橋歴史資料館の館長山中英彦先生なども来賓としておいでいただいた。山中先生は、私達が高校時代に、名調子で人文地理を教えていただいた故山中長次郎先生のご子息に当たり、地元行橋の文化行政に尽力されている方だ。来賓には、ほかに脩さんの小学校時代の恩師森永先生、壁紙を貼ってくださった熊本の表具師溝口英男さん、門司港芸術文化研究所長で美術部先輩の川端孝則さん、「三九会」会長岡本勝さん、メモリアル・ルームに入っている「株式会社シャボン玉」の故森田光徳氏の子息森田隼人さん、現地の文化行政に関わっている城井崇さん等がおいでくださった。テラスを式壇に使い、お客様には庭に張ったテントの中に座っていただいた。

山中先生から、

「この地は行橋、豊前を中心にお能やお茶など文化の華の開いた時期があった。その素地のあるこの地での文化再興にこのギャラリーの果たす役割に期待している」

とのスピーチをいただいた。

川端さんからは、

「門司港とここ稲童とは、趣はそれぞれに違っていても志は同じ。双方から同時的に芸術文化を高めていこう」

という、力強いメッセージをいただいた。

森永先生は、

「オサムちゃんは気持ちの優しい子でした。オサムちゃんはいたずら好きでした……。オサムちゃんは……」

と、くり返し幼い頃の脩さんがどんな子どもだったか、懐かしい思い出を語ってくださった。

強い海風と陽射の一日だった。テントの中、多くの友人達の間に、その陽射を白い帽子でよけながら座っていらっしゃる内田スミ子さん、四十数年前にわたし達夫婦のお仲人をお願いした高校時代の恩師内田満徳先生の奥様だ。以来、親しくしていただいて、いろいろと相談相手にもなってくださる。わたしにとって、先生ご夫妻は互いを尊重しながら自身の道を行く自然なあり方、理想の夫婦の像なのだ。

「夫婦とは、共に並んで手を携え、前を向いて歩いて行く二人」

と言ってくださった先生のことばは、胸に深く刻まれている。

わたし達の小倉高校入学は一九六二年四月。その初日に、

「君達は追われる人々だ」

と、学年主任のことばがあった。すぐ後に続く団塊の世代の受験の波に「追われている」と。この先、受験勉強に駆り立てられるのかとの思いは複雑だった。

しかし、受験一辺倒ではなく、学問の面白さへの入口を指し示したり、ご自身の人生を語ったり、芸術の奥深さを教示してくださったりした先生方もいらした。振り返れば、そのような先生方に導かれ、またクラスや部活動の友人達との語らいに、凝縮された高校の三年間だった。

美術部顧問の吉松真司先生の薫陶に浸った原田脩さんをはじめ、義浩、三井喜代治さん、城水悦子さん、浅田道雄さん、原田隆弘さん等これまでに記してきた旧美術部員の繋がりが、このギャラリー開設の端緒となったのだ。

卒業して十年ほど経って、お正月に小倉に帰省した折、東京から来た友人と義浩との三人で、退職して中津市にお住まいの吉松先生をお訪ねしたことがあった。ご自宅で描き溜められた画のいろいろを見せていただいた後、中津市内の自性寺という寺に蔵されている池大雅の「葡萄図」を見に行った。先生が同行してくださった。厳冬期の寺の内部は思わ

ず身震いするほどに冷え切っていたが、先生はコートを脱いできちんとたたみ、正座して大雅の襖絵に見入っていらした。

　内田満徳先生には国語を教えていただいた。数ある記憶の中から一つをたぐり出す。芭蕉の俳文を習っていた折の期末テストの問題、

「芭蕉の詞『予が風雅は夏炉《かろ》冬扇《とうせん》のごとし　衆にさかひて用（ゐ）るところなし』を批評せよ」。

　俳聖が矜恃をもって言い放ったであろうこのことばに、十七歳のわたしは何とはなしの違和感を覚えて、生硬な、いっぱしの批評めいた文を連ねて提出した。返ってきた答案には赤ペンで、

開館式で挨拶をする濱田輝夫さん

「展開を期待する」

と記されていた。

拙《つたな》い文章に、何と大きな励ましをいただいたことだろう。その後の大学時代、その後のずっと長い時間、折々に思い出しては、「展開」を探し続けている気がする。

さて、開会式典の後はいよいよオープニング。美恵子さんとわたしがテープカットをおおせつかっている。入口のスロープ前に息子の岳雄が上手に紅白テープを張って、式典らしくしつらえてくれている。これらのしつらえは、皆、式の次第をどうしたものかと前日にあれこれ知恵を絞

テープカットをする原田美恵子さん（左）と筆者（右）

って、諸材料を百円ショップで買い集めてきて作り上げたものだ。拍手の中、うれしく晴れがましく、白手袋でテープにはさみを入れて、無事にオープンと相成った。翌日のテレビや新聞にも開館のニュースが報道された。その見出しには、

『仲間にささぐ美術館』

とあった。

展示のこと

「原田脩記念　ギャラリー稲童」、この名称も皆で話し合って行き着いたものである。様々に考えて幾通りもの案を出して、結局、「ここの地名の『稲童』っていいよね」、「そうしよう」、と全員が一致した。斎藤三郎さんが幾通りか出してくれていた中にも「青邑舎《せいゆうしゃ》」など魅力的な名称案もあったが、これは後のために、どこかで使わせていただこうと取り置くこととなった。

会場は三間×七間（五・四メートル×十二・六メートル）の長方形、出入り口などを除くと画の展示に使える壁の長さは二十数メートルである。矩形の短辺に大きな50号くらいの油絵が三点ずつ、長辺には大小取り交ぜて七、八点ずつというところだ。さらに室内に展示台を作成して、スケッチや水彩画を展示する。

これより前、皆で役割分担をした際に、それぞれの希望に沿って、企画、親睦、農業、施設整備、広報、会計などの係が立ち上がった。その中、企画係は展示計画やイベントを立案することになっている。メンバーは美恵子さん、濱田さん、近藤さん、義浩、わたしの五人である。大体年に二回くらい、テーマに沿って、常設展示をすることとした。

今回、最初の展示では脩さんのマスターピース（代表作）を見てもらうこととし、順次、脩さんの旅に沿って、地方ごとに展示。また、モチーフを主にした月、瀧、堂塔などに分けて展示する。さらに色彩に着目した展示や、スケッチと油絵を対比させた展示なども面白い企画となりそうである。作品一覧は以前の遺作展の折に作成された『原田脩作品集』に大体が網羅されているが、何しろ油絵約二百点、スケッチ三千点余り、美恵子さんがほとんどを分類して、作品番号がつけられているが、これらをどのように展示して、皆さんに観ていただくか。わたし達には大きな仕事が残されている。

開館式には皆さんに披露したいマスターピースを陳列することとなり、それらを選別し、運び出し、梱包を解いて配置を決める。中心線をそろえて上から吊るしていく。これらの作業にスタッフ総出で汗を流した。正面に大きな50号の「羽黒山五重塔」「那智瀧図」、右側面に「上加茂神社」と「銀閣寺」、左側面に「白水阿弥陀堂」。どの寺社、塔、瀧も、一つ一つが脩さんの魂を揺るがせ、絵筆をとらせた場所だ。その画は、観る者の思いをとらえ、心を鎮める深い色に満ちている。

　寺社や塔を照らす月はいつも満月。煌々《こうこう》と、耿々《こうこう》と、皓々《こうこう》と、寺を山を野を照らしている。なべて世のもの音もなく、観る者を無音の世界へと導く。対象物を確《しか》と目で捉え、心の奥にしまい込み、想念の中で余分なものをそぎ落とし、そぎ落として、キャンバスに向かい、その形状の奥にある真の形を再構築していく。その先に、単純化された平明なフォルムと色彩が表出する。そのものの持つ精神が映し出される。

「羽黒山五重塔」は男三人の東北への旅から生まれた大作（口絵カラー写真1頁参照）。この五重塔は明治初期の廃仏毀釈の嵐を逃れ、この辺りの堂塔で唯一残った古代の建物であると聞く。五重の屋根瓦がその重さを増しながら地上に達し、その重力を内に込めながら、ずっしりと地中に根をおろしているかのようだ。微妙に光を放つ、あるいは吸収する瓦の黒色。最上層の屋根だけは、月光に白く照らされている。背景は脩さん特有の深い暗緑色、わたし達は「脩さんのグリーン」と呼んでいる。この油絵大作に行き着くまでには、数多くのスケッチや水彩画が残されている。それらを踏まえ、咀嚼《そしゃく》し、凝縮された力がこの画の内に籠もっている。

　脩さんの瀧図の多くは、画面の中央を真上から真下へと流れ落ちる。後年、脩さんの「那智大瀧」を見た外国籍のアーティストが、

「この、中央を真っ二つに割る構図は西洋では評価されない構図だ。が、この画では、中央を力強く思い切りよく割っている。サムライがスパッと刀で切り下ろしたようだ」

と感嘆していた（口絵カラー写真2頁参照）。

わたし達は、瀧図と言えば、あの鎌倉時代の国宝「那智瀧図」（根津美術館蔵）を反射的に思い起こしてしまう。信仰の対象ともされたその画を絶対的な基準に置いているので、普通ほかの絵にはあまり見られない、画面を左右に二分してしまうこの構図を、ごく自然に受け入れているのだと改めて気付かされた。

脩さんの瀧図には一枚の白い布のように湾曲して右上から左下に、あるいは右上から出て中央部分から真下へと流れ落ちる構図のものもある。何度も足を運んでは、様々な構成を試みたものだろう。水の流れは変幻自在である。その周囲を新緑や深緑、あるいは紅葉を表す深紅が取り囲むこともあれば、滝壺に火祭りの火炎を思わせる赤が揺らめくこともある。脩さんの長年の友人で、その頃病で視力を失いつつあった仲野富雄さんは、滝壺に落とし込まれる轟音をその耳に聴き取って、

「瀧のうめき声のような音が聞こえる」

と評した。

晩年に描かれた那智の瀧は、白一色の世界に沈んでしまう。画全体が白一色に溶けてい

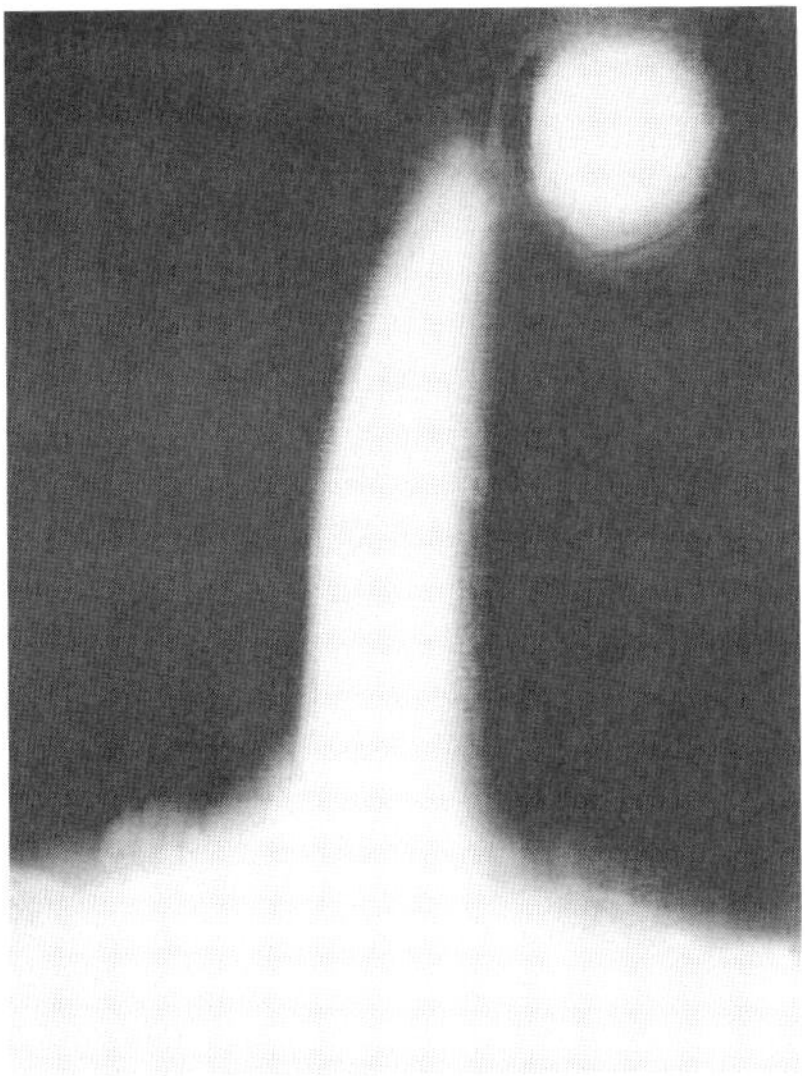

那智大瀧（1987年）

上賀茂神社（1976年）

白水阿弥陀堂（1997年）

るように見えるが、じっと見つめていると、真ん中に瀧の一条が現れてくる。美しい複雑な白色に彩られて、那智の瀧は無音のうちに落下し続ける。もはや、そこに在るのは祈りのみだ。

油絵の大作の中に、一点だけ桜の画がある。ほとんどが寺社や瀧を描いた中の珍しい画である。「常照皇寺の夜桜」、名高い九重桜であろう。暗闇の中、一本の白い桜が浮き出ている。春の陽光を浴びた桜花の持つ華やかさとは無縁の、桜の精霊を地中から呼び覚ますかのように、ほの白い輪郭の朦朧《もうろう》としながら、屹立《きつりつ》する古樹の姿がある。

第六章　イベント二題

観月会　二〇一〇年九月二十三日

それは、あっという間に決まってしまったらしい。

わたしはテラスで来客の応対をしていた。その前日に小倉で行われた小学校同窓会で卒業以来五十年ぶりに会った同級生がさっそく足を運んでくれたのだ。また再々来るから、と言ってくれた友達を見送って室に戻ると、ギャラリーの仲間達の間で、おでんを煮込むだの、ろうそくがどうのと賑やかな会話が飛び交っている。仲秋の名月に大きな観月会をしよう、と話はすでに走り始めていた。わたしはいささかあわてて、

「えっ、お月見って、宮崎から出てくる金丸さんを囲んで、仲間達、テラスでゆっくりお酒でも飲もうっていうんじゃなかったの？」

と言ったが、そんな声は誰の耳にも入らず、もう勢いはそのまま。日取りは九月二十三日、竹の万灯籠にろうそくを立て、会員のお孫さん達に火入れをしてもらって、お団子作って、お鍋作って、銘酒揃えて……こういうこととなると、話が決まるのの早いこと早い

こと。外の林では酒盛用の四阿《あずまや》と、どうやら露天風呂の建設が急ピッチで進んでいるし……。

「内も外も、ハードもソフトも、もう勝手に走りっ放しやねえ！」

観月会前の最終打ち合わせの九月二十日、どうも三日後の当日のお天気は雲行きがあやしいのである。雨の確率七十％、どうしよう。しかし前日から用意はしておかねばならないし……。

「小雨決行、本降りの時は中止。当日正午十二時に、近くの犀川《さいがわ》町に住む近藤さんが決定する」

と決めてから、細部の打ち合わせに入る。

「なあに、雨が降ろうと槍が降ろうと、ここで仲間みんなで楽しめばいいいさ」

「そうだ、そうだ」

と、金丸さん以下、意気軒昂である。

おもてなしのメインである「男の料理・芋煮鍋」の買い出し係は近藤さんと金丸さん。七十人分を目安に、材料をどれくらい揃えればよいか皆で決めていく。

「里芋は二百個！」

「えっ、そんなに入れたら芋だらけになっちゃうよ！」

「小さい芋だから、お替わりして一人三個、七十人分、やっぱり二百個は要る！」

という具合。

後日、＊＊の里芋、＊＊の牛蒡《ごぼう》、＊＊の油揚げ、＊＊の手造り味噌という具合に、近藤さんのこだわりの食材が買い集められる。料理は男衆に任せて、義妹の植田悦子さん、姪の尚子さんも加わって、女衆の仕事はおむすび二百個の用意。こちらも、とれ立ての新米の寄付あり、いが付きの栗の差し入れありで、白米と栗おこわの紅白二種類のおむすび作りとなる。前回の竣工式の時の経験から、お米一合で四個、二百個作るには五升の米が必要、と細部まで皆で計算しながら決まっていく。妹の正子さんが試食用にと持ってきてくれた、栗おこわおむすびをぱくつきながらの評定。ちょうどお腹も空いてきた頃だ。

そういえばすでに辺りは夕闇、早く詳細を決めて熊本の自宅に帰らなければ。もう三泊四日も留守番をさせたままの、しゅん太とももの顔が一瞬頭をよぎる。今回のような留守の間は専門のペットシッターさんに朝夕の散歩と餌やりを頼んであり、その都度写メールで変わりない二匹の様子を報告してもらってはいる。が、犬達にしてみれば、なぜわたし達夫婦が長いこと居ないのか、留守がいつまで続くのか、わけもわからず、今頃は遠い熊本の家でお腹を空かせてわたし達の帰りを待ちわびているだろうな。

今回初めてのイベント、観月句会の詳細と準備は、宗匠斎藤三郎さんと、美恵子さん、わたしとで進めている。出された全ての句を模造紙に書いて張り出し、選句をすることとする。こうすれば、出句者以外の人達にも見てもらえるし、時間の短縮にもなる、と三郎さんからの提案。お茶会は美術部の友人で表千家教授の資格を持つ下田直江さんが、お点前を披露してくれるという。この日、午前中に義浩と二人で直方のお宅まで出向いて立礼道具一式を運び、下田夫妻も一緒に当地まで来られて、それらはすでにテラスにセットしてある。さあ、これで準備は万全、手抜かりはないか、各自持ち場に思いを巡らせながら、心持ち緊張しながら、当日の準備を終えた。

観月会で語らう人々

こうして迎えた観月会。心配された天気も崩れることなく、よく持ちこたえてくれた。供えられた薄、萩、桔梗、女郎花《おみなえし》など秋の七草にお団子。熱々の芋煮汁、もちろんのこと銘酒尽し、テラスでのお茶会、と楽しむうち、雲間からのぞき始めた名月に歓声が上がって、本当に「絵に描いたような月見の会」となった。

初めての句会は、兼題が「月」と「秋風」。初心者から自称中堅まで、あれやこれやと評定し合って、参加者全員による選句の結果、入選句が決定された。三郎宗匠の講評もいただいて、

宗匠賞　秋風に銹色《さび》もあり下駄と筆　芳正
観月賞　逃亡や月の梯子《はしご》を駆け登る　美恵子
秋風賞　秋風や　きのうときょうの　ちがいける　智史
稲童賞　月見の夜　虫も木の葉も　おどってる　降旗さんちの坊や

老若男女ともども和気藹々《あいあい》である。

上：お点前を披露する下田さん達
下：「男の芋煮鍋」を囲む右から金丸さん、米原さん、近藤さん

風呂攻防戦決着

さて、風呂攻防はどうなった？　ギャラリーに風呂を作って、湯上がりのビールを皆で飲みたいという義浩の当初からの悲願は、いつも頼みの源ちゃんと友人川本如寛さんの協力によって、ついに実現された。

「露天風呂！」

ギャラリーの裏手に築かれた。

源ちゃんがどこかから調達してくれた檜の風呂桶に流し場、光熱機器の会社を経営している川本さんからプレゼントされたプロパンガスの湯沸かし器、それに脱衣場として、何と福岡から運んであった犬小屋をくっ付けたのだ。犬小屋と言っても、やはり総檜造り。義浩が本職の大工さんの手ほどきを受けながら、数年前福岡に転勤した際、庭に新築したものだ。大人が立って入れる高さと畳二帖分ほどの広さがある。福岡時代にしゅん太とも二年間住んだものの、まだまだ立派に人様が使える状態だ。わたし達が再び福岡から東京へ戻る時に、源ちゃんが、既にギャラリー用地と決めてあったこの地に、とりあえず運んでくれたのだ。ゆらゆらと太いロープに吊り上げられて、庭からトラックの荷台に移された小屋の様子を思い出す。この小屋が今度は露天風呂で活用されるとは。

「しゅんちゃん、ももちゃん、君達のお家、お父さんのお風呂願いのお役に立ったよ！」

能へのいざない　二〇一〇年十一月十三日

ギャラリーの奥の方には三間四方の能の舞える舞台を作って、その四隅に立派な檜の柱を立ててある。舞台抜《びら》きはぜひとも能の趣向でやりたい。まずは、わたしの小鼓の師匠である幸《こう》流小鼓方飯田清一先生にご相談する。手帳を繰って秋の週末の一日で出演可能な日を探してくださる。十一月初旬の土曜日が空いているとのこと。今は六月、十分に準備の時間はあるだろう。

内容は初心者に能の楽しさを分かりやすく伝え、さらに、多少能の心得のある方にも楽しめるようなものとする。小鼓を先生に打っていただき、シテ方の演者の方にもお願いして謡や仕舞を演じ、合間に易しい解説を入れる。能面や扇などの小道具も、解説と共に見てもらう。全員が参加できるように、謡の一節を皆で謡う。ずいぶんと欲張った内容だが、実現すれば、何と楽しい集いとなることだろう。

さっそく、シテ方のどなたに来ていただけるか、先生が交渉してくださった。第一候補は観世流の若手ホープ、東京で活躍している坂口貴信師であったが、あいにくその日はスケジュールが合わないとのこと。どうしたものかと相談するうちに、福岡在住で貴信師の

父上の坂口信男師が、
「わたしが出てあげましょう」
と言ってくださった。何という幸いであろう。信男師は、私ども素人集団からは、とても声をおかけすることもできないくらいの観世流重鎮であるが、気さくに出てくださるとのこと。共に重要無形文化財総合指定保持者というお二人にギャラリーの舞台抜きをしていただけることとなった。

準備に五ヶ月、とはいうものの、お忙しいお二人と演目の打ち合わせをしてプログラムを作成、内容の吟味、チケットの販売、舞台のしつらえ、などなど追われるうちに時間はまたたく間に過ぎて行った。その間に、降ってわいたように観月会の話が盛り上がって、実行に及んだことは先述した通りである。

十一月十三日、土曜日午後二時半開演と決まった。客席はギャラリー室内に正面席五十席、テラスに脇正面席を二十席作ることとした。スペース的にはこれが限度である。チケットの売れ行きは最初は出足が鈍くて心配したが、十月末、二週間くらい前になって、ほぼ完売し、ほっと胸をなでおろしていた。ところが、まだ席はあるかと問い合わせの電話が相次ぐのである。庭に立ち見席を用意すると返事はしたが、やはり座ってゆっくり見ていただきたい。義浩が何やら考えていたが、「よし！」と立ち上がった。

高校時代からの友人、また義浩と中学の同級生でもあり、東京在住中にずっと親しくしていた島田信義君。昨年、間質性肺炎を患って、短い間に逝ってしまった。一見豪放なようで、細やかな心遣いを見せてくれる彼の存在は、東京の仲間には、なくてはならないものだった。十年ほど前に東京で開いた高校同窓会の幹事役として、いつも中心になって元気よく動いてくれた。その後義浩は新聞社を定年退職し、熊本のテレビ局へ赴任することになったが、そんなわたし達を慮《おもんばか》って、率先して送別激励会を開いてくれた。

その彼が病床でギャラリーを気にかけて奥さんに託してくれた芳志で、テラスに続く客席を作ろうというのである。呼び掛けに応じて小倉近辺に在住の友人小田哲二君、重留恒昭君、重松誠次君、酒造家の小林弘君らが集まってくれた。それにギャラリースタッフのいつもの面々が加わって十人余りでの突貫作業だ。土台のしっかりした、周囲に竹を巡らした本格的な客席が、数日であっという間に出来上がった。気持ちを一にしたこの共同作業は、自分達自身も惚れ惚れとするような進み具合だったとのこと。島田君の遺志がこのような形でギャラリーに生かされたことを心から有難く思う。

こうして客席不足の心配もなくなって、当日朝、準備のために前列に座布団を敷き、椅子を整えるわたしに陶芸家の梶芳正さんが手を貸してくれた。彼は、後に始めた「ギャラリーの仲間達展」の常連出品作家である。個性的な絵柄の皿やどっしり大きな湯呑みをギャラリーでの普段使い用にと、たくさん作ってくれたり、加えてゴッゴッと巻き上げ風の大花瓶、庭に幾多のオブジェと、その技でギャラリーの内外を豊かに彩ってくれている。

客席は室内の正面席を増やして六十席、脇正面のテラスと、続く島田席に五十席を作って合計百十席、満員の入りであった。それに立ち見も含めて、たくさんの観客が詰めかけてくれた。

その上、京都から「松八重」の女将さんが、若女将と能の好きなお友達を連れて観に来てくださった。開館式に続いて、二度目のご来臨！　渋い和服姿で、お能のイベントにしっくり、最高のお客様をお迎えした。

観世流シテ方の坂口信男先生と幸流小鼓方の飯田清一先生、それに坂口先生の奥様とお嬢様の四人は、飯田先生運転の車で福岡から既に到着されている。お持ちになった『羽衣《はごろも》』の衣装の通肩《つうけん》を衣桁《いこう》に掛け、簡単な打ち合わせをして、出演のお二人は正装の紋付袴に着替えられる。わたしも袴姿で司会を務めさせていただく。

幕開け、飯田先生が小鼓を持って出て来られ、いきなり『翁《おきな》』の演奏が始まった。緩急強弱自在の鼓の音色と気迫のこもった掛け声に、観客は息を呑んで圧倒されたまま。重厚な演奏が終わって、そこで初めて先生の挨拶と曲や鼓の説明が入った。これは衝撃的かつ効果的な、初めての鼓体験だったと、後で何人もの方から感想をいただいた。

『翁』は「能にして能にあらず」と言われる神事能で、年賀や慶事など特別な機会のみに演じられる大切な曲である。ギャラリーの舞台披きを祝って先生が特に選んでくださった、この上ない祝福の門出だった。

坂口先生の仕舞『高砂』、動きを極限まで控えて、内にこもった情念をわずかな仕草で象徴的に表現する。能面や扇の使い分けなど、実物を見ながらの説明も皆初めて接するものだけに、興味深く聞いても

仕舞『高砂』を舞う坂口先生と謡う飯田先生。その後方に通肩《つうけん》が掛けられている

らえたようだ。

会場から男女二人の方に出ていただいて、鼓の打ち方即席伝授の一幕もあって、和やかな笑いが広がった。一人は和服姿の女性で、わたしの友人の卓球の先生だという。いつもの活発なユニフォームにかえて、この日はしっとりとした和服姿。小鼓は打てばよいというものではなく、初めはなかなか音が出ないものなのに、このお二人は苦労しながらも、師匠の手ほどきよろしく、ポンッ、ポンッ、タッ、と鼓らしい音を響かせて、会場の拍手を浴びた。

また、会場の皆さん全員に『高砂』の一節を謡ってもらうという趣向もあった。かの有名な詞章、

「高砂やこの浦舟に帆をあげて」

から

「はや住の江に着きにけり」

まで、先生方がお稽古をつけてくださるのである。謡本の一節をコピーして皆さんの手元に配ってある。坂口先生がまずお手本を謡い、一節ずつ後に続いて皆で唱和する。

飯田先生から小鼓の打ち方を伝授される二人の観客

「もっと丹田《たんでん》に力を込めて！」

「力いっぱい大きな声で！」

と、飯田先生から叱咤激励を受けながら、少しずつ舟は進んで行き、全員の謡はそれらしくなっていき、ついにはギャラリー内に朗々と響き渡り、三十分ほどで無事住の江に到達した。皆さん、口々に謡の初体験を言い合っていた。

「お腹から大きな声を出して、気持ちよかったあ」

「楽しかったあ」

後日、この日のＤＶＤを東京の友人に送ったら、彼女も画面を見ながら、大きな声で楽しくお稽古に加わったと言ってくれた。

お二人の先生による一調は『屋島』。一調というのは、謡と一種類の打楽器（大鼓、小鼓、太鼓のうち）とで奏せられる形式で、通常の演奏よりも複雑で、さらに高度な技を求められるものである。波の上で繰り広げられる源平屋島の戦いを髣髴《ほうふつ》とさせる、力のこもった謡と、それをいやが上にも盛り上げる鼓の調べであった。

実はこの日は、午前中にすぐ近くの自衛隊築城《ついき》基地で、その翌日の航空ショーのためのリハーサルが行われていた。午前中の天候次第では、発着練習が午後にずれ込むかもしれないとの報を受けており、騒音をかなり心配していた。が、朝から雨もなく、轟音《ごうおん》のリハーサルは午前中で終了したようだった。そして、午後のわたし達の公演の間に一回だけ、ジェット戦闘機の大爆音が轟《とどろ》き渡った。それも、

「海山一同に振動して　船よりは鬨《とき》の声　陸《くが》には波の盾」

という、戦《いくさ》場面の謡のところに大音響が入ったのは、まさに偶然の大効果音。ほっと胸をなでおろしたものだ。もっとも、多少の騒音などものともしない、先生方の熱い演奏と観客の全集中であった。

第七章　温かな支えで歩み続けるギャラリー

音響装置のこと

バッハの「無伴奏ヴァイオリンソナタ」が、秋の室内を満たしている。ギャラリーには素晴らしいオーディオセットが備えてある。友人の塚本肇さんの手になるものだ。高さ六十センチ、上面四十センチ四方の無垢の木材製、手作りのスピーカーからは、冴え返るようなヴァイオリンの音色や、白珠の粒がこぼれ落ちるようなピアノの音が流れ出る。ギャラリーに足を踏み入れる度に、その音色が澄み渡り、進化しているのを感じる。

塚本さんは大のオーディオマニアで、自宅のセットはもちろん、これまでに幾つものセットを作ってきた。中でもこれは特製のスピーカーとあって、実はすでに行き先が友人の小川周一郎さん宅と決まっていたらしい。が、

「これはぜひギャラリーに」

と言って、優先してくださった由。お二人の気持ちがぎゅっと詰まった贈り物である。

ギャラリーに設置されてからも、鳴り方が気になると言って、アンプを取り替えたり、音の進化具合を確かめに来たり、まるで嫁入りさせた娘を慈《いつくし》んでいるかのように見える。

塚本さんは高校同期会の幹事長。彼のおかげで何度も大きな同期会が開かれ、再会しては、お互いの無事を喜び合っている。その彼自身は心臓バイパス手術や肝臓がんなど大病を患い、皆をハラハラさせたかと思うと、また見事に復活を果している。

「塚本さんあっての同窓会、深酒を慎んで元気でいてください！」

先回の手術から快復して、彼がまっ先にしてくれたことがある。ギャラリーに

塚本さん自作のスピーカーを据えたギャラリー

たくさんのCDを贈ってくれたのだ。大勢の友人からのお見舞いを受けた、そのお返しに替えて。ギャラリーに響くベートーヴェン、ブラームスやマーラーは、皆さんの思いのこもった彼の復活への祝祭の音色でもあるのだ。


ある春の日、塚本さんが奥さんの運転する赤い車に乗ってギャラリーを訪ね来てくれた。杖をついてゆっくり一歩一歩。折から満開の山桜の下で、里山から響いてくるホトトギスの声を聴きながら、廣中シェフの淹れたコーヒーを、美味しいと飲み干して、

「ブルックナーに近付く時は、取り込まれんよう、よう気を付けてな」

と、最後の会話も、彼らしい音楽談義だった。

友人達の励まし

高校同期の皆さんには、夫婦揃って出席の同窓会の度に、あたたかい励ましをいただいている。地元のみならず、関西、東京、北陸地方などから多くの方がギャラリー協力会員となって支援してくれている。ギャラリーの行事や作業で人手が要る時に駆け付けてくれる頼もしい面々もいる。訪れてくれた方の中には、卒業以来初めて顔を見るという方もいるが、一気に高校時代に戻って、再びのお付き合いが始まっている。

「僕は実家の両親も亡くなって、九州と縁がなくなっていたけれど、このギャラリーをふるさととして、また縁がつながったよ、ありがとう」

と、こちらこそ、何よりうれしいことばをかけてくれる。

「資金が要るんだ。みんな、協力してくれ！」

と、同窓会の席上でマイクをとって呼びかけてくれたり、ギャラリーの敷地整備のためにたくさんの枕木を提供してくれた方もいる。ギャラリーのそこかしこ、流れを渡る小橋や表の看板の支柱などにも、丈夫な枕木が使われている。そのことを自分のホームページに紹介して、「こんなにも活かされて、うれしい」と書かれていた。

女性陣、わたし達の学年は殊に女子が少なく、四百数十人の学年中三十四名しかいなかった。その数少ない女性陣の多くが、このギャラリーを支えてくれている。

いつも友人を誘って行事に参加してくれる木山満里さんとは、若き日の恋話も含めて、ずっといろんな話をしてきた。

「義浩さんはたくさんの人を誘って、その輪の力で大きなことを成し遂げていく。それが自然にできるからすごいよね」

と言ってくれる。わたしは身近にいて、彼の言動によって引き起こされる日常の瑣末《さまつ》に振り回されて、それこそ「在りのすさび」、多分見失っている彼の資質を再認識させてくれる。

春の合宿では陣中見舞い組でもあった水上明子さんは、能のイベントに参加して、

「今日は今年一年で一番楽しかった！」

と、喜んでくれた。いつも皆の中心にいて、その名の通り周囲に明るい笑い声をまいてくれるが、気遣いは人一倍の女性である。

合馬晶子さんは、ギャラリーの主旨にこよなく賛同して、皆の集うこの場所を大切にしてくれる。後に始めたチャリティー・バザーの度にたくさんの品々を惜しげもなく提供してくれる。老舗千草ホテルの女将を務める小嶋美恵子さんには、イベントに際して美味しい料理をお願いした。東京、関西からも多くの友人が、あたたかい便りで励ましを送って応援してくれる。

そして、広島の川口美智子さん。六月の雨の日、未だ竣工前の根太に腰かけて、スタッフの準備会議に加わってくれた。いつもの穏やかな笑顔を見せながら。けれど、開館翌年のリンボウ先生の講演会のお知らせを届けたのが最後となってしまった。もっともっとギャラリーの活動に加わってほしかった。あなたの笑顔で皆を包んでほしかった。あなたが広島にいる。そのことは、わたし達には常に変わらぬこととして、心の一つの支えだった。其処《そこ》に友達がいる、それがどんなに大切なことか。

終わりに

多くの方々に支えられながら、ともかくもギャラリーは歩みを始めた。建設予定段階から開館まで足かけ五年の間、ボランティアとして集い、細々《こまごま》とした取り決めや、それに伴う作業に骨身を惜しまず加わってくれたスタッフメンバーの皆さん、それを見守ってくれた地域の方々、さらに大きな輪となって、協力会会員として運営を支えてくれる多くの友人達。

「原田脩の画を皆さんに見てもらいたい」

その一心で始めた、わたし達仲間のささやかな計画であった。それが折々の状況や出会った人々の協力の賜物として、建物も規模も次第に大きくなっていき、その活動は予想を超えて、さらに大きくふくらんでいく。

「ふるさととして、ここに集う」

友人からのうれしいことば通り、血縁・地縁を超え、日常を離れた清逸で活気ある、人々の集う空間を目指して、「原田脩記念 ギャラリー稲童」は動き出している。根柢《こんてい》には、原田脩の生き方とその画の力に対する、仲間達の無限の信頼がある。

下駄の音して蝶が来る夢に非ず（美恵子）

旅の原田脩、当麻寺にて　1991年

作ろうと思い立ってから五年、「原田脩記念 ギャラリー稲童」が建立されました。皆の思いが結集した、この間の歩みには「建立」の表現しか思い浮かびません。「一座建立」の心も込めて本書を『原田脩記念 ギャラリー稲童　建立記』と題した所以です。

現在は、既に活動十周年を経て、様々な方との出会いや御縁を得、予想をはるかに超えて活動の輪は広がっています。イベントも数多く行い、当初考えていた地元のアーティストのみならず、この片田舎のギャラリーに、と人々から驚かれるような方も出演してくださいます。

お能で舞台披きをしてくださった坂口信男師、飯田清一師をはじめ、そのイベントを機に御縁をいただいたリンボウ先生こと作家、書誌学者の林望先生の講演会は「懐かしきイギリスの日々」「『謹訳 源氏物語』を書き終えて」など四回に及びます。ジャズ・ミュージシャン坂田明さんによるミジンコ教室・写真展、また彼と仲間達によるジャズコンサートも六回を数えます。そして、東日本大震災被災児支援のチャリティー・コンサートを毎年開催。染色家吉岡幸雄さんの講演「日本の色を染める」と映画『紫』上映、後継の吉岡

完成したギャラリー

更紗さんによる染色工程も実際に見せていただきました。

二〇一三年には遠方から来る方々の要望に応えて、宿泊もできるアトリエ棟が建設されました。それを記念して、友人の紹介によりハワイ島在住の彫刻家ランディ・タカキさんを招き、アーティスト・イン・レジデンスとして作品を制作。塑像作家浅岡佳代さんと共に二人展「The way―道」を展示しました。さらに美術史家島尾新さんの講演「雪舟の足跡―九州編」、文学座俳優角野卓造さんの講演「私の演劇人生」、建築学者水島信さんの「アルヴァ・アアルトの空間」（北欧建築についての講演）などを催してきました。

また、開館五周年を記念しての「能への

いざないPARTⅡ」には、観世流シテ方坂口信男師、坂口貴信師、幸流小鼓方飯田清一師の御三方に出演していただきました。

原田脩の常設展はおよそ半年ごとに展示内容を入れ替えて、油絵のみならず、水彩のスケッチやデッサンなどもその時々のテーマに沿って観ていただいています。特別企画展としては、先述の二人展「The way—道」のほかに、大分県在住の若手竹工芸作家三人による「BAMBOO ARTS AND CRAFTS FROM OITA」や、改造したバンの車内に作品を展示し、「もしかして世界一小さい美術館」を自称する、全国行脚の白濱雅也、白濱真紀夫妻の展示「Art Van 福寿走計画」も行いました。増田常徳画伯の「暁闇の月」展は、田川市美術館の企画展とタイアップして開かれました。この間には、高校美術部OB・OGによる

室内の様子

「ギャラリーの仲間達展」も数次行われています。

二〇一八年五月に、ジャズの坂田明さんと指揮者佐渡裕さんとのトークセッション「音楽って楽しい！」が催されました。この時は地元の育徳館中学高校生の管弦楽部に歓迎演奏をしてもらいましたが、佐渡さんが懇切なオーケストラ・クリニックと指揮をしてくださいました。そして生徒達の真摯さに心を打たれ、再びの来訪と、一緒に演奏会をしようとの約束をしてくださったのです。後年この生徒達との約束は、人々の想像を超え、「奇跡のコンサート」（佐渡裕指揮　育徳館中学高校管弦楽部演奏、市民合唱団によるベートーベン第九演奏会）として

テラスからの眺め

大きく羽ばたいていくことになります。

そして今、コロナ禍が明けようとしています。ここ数年間大きなイベントは控えられていますが、週末には三々五々寄り集い、変わらぬ作業が続けられています。隣接する畑地を地主さんの好意によって借り受け、春は菜の花、夏はひまわり、秋にはコスモスを花開かせ、里山の自然の移り変わりと共に、そこに溶け込む風景が広がっています。近頃は、かなり本腰を入れて山ぶどう（土地のことばでガラミ）の栽培にも取り組んでいるようです。一六〇〇年代初めに豊前国のこの辺りで、日本で初めて葡萄酒を製造したと記される歴史文書の記述をなぞっての取り組みです。ギャラリー自家製の「ガラミワイン」で乾杯する日が来るのも、そう遠くないことでしょう。その折には、これら、後の十年の活動をギャラリー稲童の「成長記」として、再びまとめてみたいと思っています。

著者プロフィール

植田 幸子（うえだ さちこ）

福岡県若松市（現北九州市若松区）生まれ。福岡県立小倉高等学校、国際基督教大学教養学部人文科学科卒業。筑波大学大学院修士課程地域研究科日本研究科修了。

㈱パンアメリカン航空客室乗務員、国際基督教大学人文科学科非常勤助手、熊本県ユニセフ協会運営委員等を務める。

神田外語大学留学生別科、九州大学留学生センター等で日本語教育に携わる。

現在、独立行政法人国際協力機構九州センター（JICA 九州）日本語講師、原田脩記念 ギャラリー稲童副館長、学芸員を務める。

原田脩記念 ギャラリー稲童　建立記

2024年10月15日　初版第1刷発行

著　者　植田 幸子
発行者　瓜谷 綱延
発行所　株式会社文芸社
〒160-0022　東京都新宿区新宿1－10－1
電話　03-5369-3060（代表）
03-5369-2299（販売）

印刷所　株式会社フクイン

ISBN978-4-286-25819-5